DER, DIE, DAS

ドイツ語の性の秘密

コンスタンティン・ヴァイェナス
ハフナー中井町子

Translated from the original English version of *Der, Die, Das: The Secrets of German Gender* into Japanese by Machiko Hafner-Nakai.

Der, Die, Das：ドイツ語の性の秘密

コンスタンティン・ヴァイェナス
ハフナー中井町子

Der, Die, Das: The Secrets of German Gender (Japanese translation)
Author: Constantin Vayenas
Translator: Machiko Hafner-Nakai

A catalogue record of this book is available from the Swiss National Library in the catalogue Schweizer Buch (www.nb.admin.ch).

ISBN 978-3-9525064-2-4

Additional information and contact details:

www.der-die-das.ch

目次

まえがき

ドイツ語を上手に話したいと思う外国人にとって名詞の性を覚えるのは大変な努力が必要です。 実際、ドイツ語の辞書の単語の７０％以上を名詞が占めているということを考えると[1]、この問題を過小評価できません。さらに、冠詞 - der, die, das - がトータルとしてドイツ語の単語で最も多く使われているという状況[2]では、名詞に正しい冠詞をつけることができないのは、とてもフラストレーションになります。何時間もかけてドイツ語を学んだ学生が間違った冠詞を使用したために、聞く者に耳障りであり、内容に集中できないと言われることがあります。

では、何故ドイツ語学習者にとって名詞の性をマスターするのがそんなに難しいのでしょうか。主な理由は二つあります。一つは、誰も教えてくれないからです。ドイツ語文法書はこの項目を避けています。文法書は辞書ではないし、また名詞を定義するものでもなければ、名詞と冠詞の関係を定義する役割も担っていないと考えられています。それは他者の専門分野であり、文法を教える者の仕事ではないと考えられているからです。[3] 外国人学習者に名詞の性の見分け方を教えないことは、すでに１９世紀にマーク・トウェインがドイツ語教師との経験でまさに次のように語っています。『どの名詞にも性があるが、その判別は意味からも、体系的にもできない。だから名詞ごとに一つ一つ覚えなければならない。これ以外に方法はない。』[4]

一般的にはドイツ語学習者が名詞の性をマスターしたいなら辞書を暗記せよと言われています。この無謀な方法はトウェインのドイツ語教師が指摘したのと同じ様に名詞の性の判別には基本的にはルールがないということを意味しています。ですからこれまで学習者が簡単にマスターする特別な方法はないと考えられていました。[5]

ところがコンピューター時代が到来し、膨大なデータ処理をすることが可能になったのです。言語学者はソフトを駆使してドイツ語辞書をデータ化し、その結果を博士論文にまとめました。これが画期的な見解をもたらしました。[6] これらの研究によって、性と名詞の間に関連性が全くないとは言えないということが分かってきました。分析すればする程、パターンのサンプリングが増えて来ました。

しかし、この重要な研究の成果は未だに一般のドイツ語文法書の項目の中に取り入れられていません。既述したように、この項目は標準文法の範疇に入っていません。ですからドイツ語教師はこの成果についての知識を持っておらず、その結果、その成果から一番恩恵を得ることができるはずの外国人学生も習う機会がありません。これは、ドイツ語教師が der, die, das をどのように名詞に割りふるかを知らないということではありません。もちろん知っています。ただ、教師自身は名詞の性を判別する規則を習ったことがないのです。これはまったく別のテーマなのです。語源学のようなものです。殆どの人が言葉の歴史を知りません。もし英語学習者に、なぜ “gh” を “cough” では “f” と発音し、“dough”では無声音なのかと聞かれても、答えられる英国人がどれほどいるでしょうか。これはドイツ語のネイティブスピーカーにとっても同じ事です。彼らは、なぜ名詞がその性であるのかを説明することができません。ただ『そのまま暗記しなさい。』と言うだけです。

これが、なぜドイツ語学習者にとって名詞の性を学ぶのがそんなに困難なのかという第二の理由です。文法書に名詞の性の判別法が書かれていないなら、他の方法でその知識を習得する必要があります。それはドイツ人の子供が習得するのと同じ方法かもしれません。

すなわち没入法（生活しながら習得する方法）です。これはとても簡単です。ドイツ人の子供は既に２歳までにドイツ語の名詞の性を、定冠詞 (der/die/das) より、不定冠詞 (ein/eine) を使って区別します。[7] ５歳までにかなり上手になりますが、 知らない名詞の場合はその名詞を避けるか定冠詞を付けない傾向があります。７歳のドイツ人の子供にフェイク名詞を使ってどんな反応をするかテストすると、大人が同じテストで使った性と同じ性をそのフェイク名詞に付ける傾向があります 。[8,9] そして基本的には１０歳になる頃までにはドイツ語名詞の性に精通しています。

ですから、ドイツ人の頭脳は名詞との長年の接触によってドイツ語の性を正確に使い分けるようにプログラミングされるのです。彼らの頭脳がフェイク名詞にどの性をつけるのか、なぜ殆どの人が同じ性を選んだのか説明することができません。ただ直感的に行っているのです。

この本ではドイツ語学習者の皆さんにドイツ語名詞の性の*何か* *(what)*、*なぜ* *(why)*、*どのように* *(how)* を説明し、ドイツ人の頭脳がどのように "コーディング" (符号化)してフェイク名詞の性を選んだのかを開示します。ここで使う方法はリバースエンジニアリングの一つです。すなわち、あなたがすでに何がドイツ語名詞の性を判定するかを知っているなら、新出の名詞の性を正しく選ぶチャンスは大きくなります。しかし、これはドイツ人が名詞の性を学ぶ方法とは全く違うということを決して忘れないでください。ドイツ人は、なぜ Mädchen (少女) が中性形であって女性形ではないかを判定する"コーディング"を知る必要はないのです。それはドイツ語のネイティブスピーカーが家庭でも学校の教科書でも習わなかったことです。しかし皆さんはドイツ人が子供の時にしたようなドイツ語との接触も、その後の長い会話の時間もないでしょう。また、ただ辞書にある名詞を一つ一つ闇雲に暗記するつもりもないでしょう。ですから、次善の策は、この "コーディング" を精査するのがベストでしょう。その二大原則は、ドイツ語名詞の性は **カテゴリー** と **音** によって決定されるということです。

規則 1 ：カテゴリー

同じカテゴリーに属する物の名詞は性が同じになる傾向があります。例えば、色や薬品や化学物質の名前などは中性形が多く、花と果物の名前は女性形。季節、日、月名は男性形です。例えば、殆ど全ての飲み物が男性名詞だと分かれば、カプチーノ、ルイボスティー、メルローワイン、りんごジュースの性を解明するパスワードが手に入ったことになります。[10]

名詞の性を判別するときにカテゴリーが重要なファクターになります。新しい物が発明されると、その新語は同様の意味をもつ名詞の性と同じになる傾向があります。例えば、携帯電話ができたとき、*das Handy* と中性形になったのは *das Telefon* と同じカテゴリーに入るからです。

カテゴリーを考慮することは名詞の性を判別するときに非常に重要な識別子になります。ある物の性が分かっていると、それに所属する名詞も同じ性になる傾向があります。

中性形は大部分の自然界の基本要素（原子、分子、電子、中性子、そして生命そのものである *das Leben*）のカテゴリーの名詞につきます。ですから化学元素周期表の殆ど全ての元素も中性名詞です。物理分野の単位も中性形です 。*das Ampere, das Ohm, das Watt, das Volt, das Newton, das Celsius, das Fahrenheit, das Kelvin, das Kilogramm* などです。

中性形は、また「宇宙」や「動物」のように自然界の包括的なものにつきます。例えば、 動物の王国のピラミッドの頂点に *das Tier* があり、その下にいろいろな動物が従属するかのように、中性形はカテゴリーの頂点に立つ名詞につきます。

図 1 に見られるように、中性名詞がカテゴリーの一番大きい円を示し、その中に 構成要素となる男性形、女性形、中性形の様々な名詞があります。

図 1

包括的なものにつく中性形をビジュアル化した図

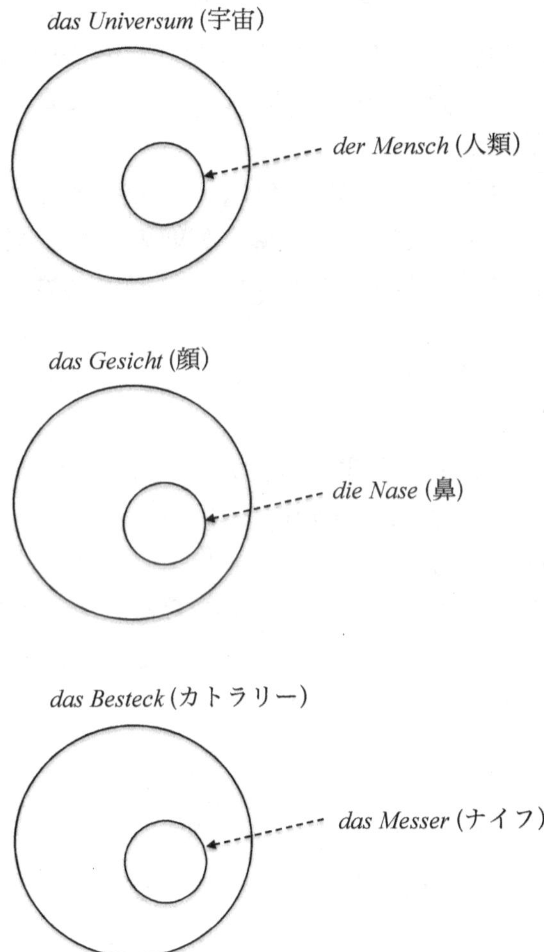

中性形の特徴は他にもあります。 名詞の縮小形は常に中性形が使われます。*Hans* が *Hänschen* になると、*das Hänschen klein, das Büblein* と中性形扱いになります。同様に少女も *das Mädchen* と中性形です。

また、外来語のドイツ語名詞は中性形です。このことを知っていれば、*Jogging, Tennis, Poker, Croissant* などが、どの性であるかを解く鍵が手に入ったことになります。これらは全部 *das* です。

もし外来語が中性形ではない場合は、すでにドイツ語に同義語が存在しており、その同義語が他の性である場合です。この場合はその既存の同義語と同じカテゴリーに分類されます。

中性形はさらに特殊な性質を備えています。それは、特定のものではなく、単に「これ」、「それ」、「あれ」を指す指示名詞として使えます。例えば、"Was ist denn *das* ?"とか "*Es* hat mich gefreut."と言うときの *das* や *es* は、どの性の物でも人でも状況でも指すことができます。それは具体的に特定したこととは限らないし、明確に述べられていないこともあるからです。しかし、一旦名詞が特定されれば、その名詞の性を使わなくてはなりません。

さて、テーマを男性名詞と女性名詞に移しましょう。この二つは中性名詞とは異なります。

女性名詞はドイツ語の名詞のほとんど半分を占めています。[11] この高い割合から、確率的に半分は女性形で残りは男性形か中性形だと言えます。約 30％が男性形で約 20％が中性形です。女性形が優勢であるため、実際にドイツ人の５歳児が名詞の性を間違える場合 *die* を多く使い過ぎる傾向があります。これは明らかに *der* と *das* より *die* を多く耳にしていることを示しています。[12]

中性名詞が自然界との結びつきが強いとすると、女性名詞はもっと抽象的なものを指す傾向があります。女性名詞は数、数学、特定の形状、特定の行動、論理、愛、さらに魔法までカバーしています。数との関係では女性名詞は単数形で複数の概念を表わすことができるという性質を持っています。例えば、*die Mannschaft* は男性チームであっても単数形の女性名詞で表わすことができます。

性によって一体何が区別されているのか、という疑問に対する答えを探ることは、常に興味を持たれていました。１８世紀後半、ドイツの言語学者達は女性名詞と男性名詞の間の差について彼らの研究成果を出版し始めました。彼らは出来る限り古い言語にまでさかのぼり、ギリシャ語やラテン語の名詞の性について分析を行いました。[13] ドイツ語と同様この古代言語は三つの性を持ち、ドイツ語に影響を与えています。

例えば、なぜドイツ語の “狩り” という言葉 *Jagd* は女性形なのでしょうか。洞窟に住んでいた時代から狩猟は男性の仕事ではなかったでしょうか。現代に於いても、狩りは男性の行為のステレオタイプではないでしょうか。

古代ギリシャと古代ローマに答えを探ってみると、ある興味深いパターンが浮かび上がってきます。古代ギリシャも古代ローマも狩猟の神はアルテミスとダイアナという女神です。狩猟が男性の仕事であっても、何の獲物も捕れずに家に帰ってくることもありました。だからこそ、狩猟の女神を崇めたのです。女神は狩猟 *die Jagd* を采配し、 男性が食糧（*die Nahrung, die Speise, die Kost* ）を求める（*die Suche* ）間、彼女は原野（*die Wildnis*) に存在しました。暗闇 (*die Finsternis*) が訪れ、危険（*die Gefahr*) から逃れ（*die Flucht*) なければならない時、女神が助けました。このような力 (*die Macht*) を考えるとき、狩猟は女性形であらねばなりません。

同じように、昔の人々は、戦争、ワイン、富、睡眠、夢、空、大洋、風、死 - *der Krieg, der Wein, der Reichtum, der Schlaf, der Traum, der Himmel, der Ozean, der Wind, der Tod* - を司る男神に加護を求めました。また、同様の理由で、愛、美、知恵、正義、権力、夜、魔術、芸術、科学、詩、音楽、悲劇、賛美歌、喜劇、天文学 - *die Liebe, die Schönheit, die Weisheit, die Gerechtigkeit, die Gewalt, die Nacht, die Magie, die Kunst, die Wissenschaft, die Poesie, die Musik, die Tragödie, die Hymne, die Komödie, die Sternkunde* - は女神たちの領域とする方がより安全だったのです。

もちろんゲルマン民族も自分たちの独自の経験を持っています。古代ギリシャと古代ローマ文化では太陽神は男性であり、現在もギリシャ語、イタリア語、フランス語、スペイン語、ポルトガル語では男性名詞ですが、ドイツ語は女性名詞 の *die Sonne* です。これはゲルマン民族の太陽女神スンナと彼女の兄弟の月 *der Mond* に由来しているからでしょうか。

“知恵”はギリシャ語でもラテン語でも女性名詞です。そして英語でも聖書では女性的概念として扱われています。

マタイ１１章１９節には「しかし知恵が正しいことは、*彼女* の働きによって証明される。」とあります。ギリシャ語で“知恵”は“ソフィア”と言います。そして“ソフィアを愛すること”すなわち“フィロソフィ”はギリシャ語でもドイツ語でも女性形です。ですから、“知識”も“知恵”もドイツ語でも女性のカテゴリーなのはそれほど驚くことではないかもしれません。また、目隠しをされた正義の女神も同様でしょう。そこから次の言葉がこのカテゴリーに入ります：*die Art, die Besonnenheit, die Bildung, die Einsicht, die Gerechtigkeit, die Intelligenz, die Justiz, die Kenntnis, die Klugheit, die Kunst, die Methode, die Methodik, die Philosophie, die Ratio, die Sorgfalt, die Technik, die Technologie, die Umsicht, die Vorausschau, die Voraussicht, die Vorsicht, die Vernunft, die Weise, die Weisheit, die Weitsicht* 。

ドイツ語の名詞の女性形と男性形の相違をさらに検証すると、女性形の抽象的名詞はより従順な性質があり、他方、男性形の抽象的な名詞はより攻撃的な概念を持っています。[14]

勇気（*der Mut* ）、尊大（*der Hochmut* ）、傲慢（*der Übermut* ）、誤り（*der Irrtum* ）は男性名詞です。それに対して、シンデレラと結びつくと思われる名詞：謙虚（*die Demut* ）、忍耐（*die Geduld* ）、親切（*die Gutherzigkeit* ）、そして貧乏（*die Armut* ）までも女性名詞です。さらに貧乏はいろいろな苦痛：*die Angst, die Sorge, die Besorgnis* をもたらします。またシンデレラの義姉たちに関係する名詞：嫉妬（*die Eifersucht* ）、醜悪（*die*

Hässlichkeit)、虐待（*die Misshandlung*)、残酷（*die Grausamkeit*)、卑劣（*die Gemeinheit*）も忘れないようにしましょう。

女性名詞には、しかし、真の力があります：*die Autorität, die Befugnis, die Behörde, die Belastbarkeit, die Energie, die Festigkeit, die Gewalt, die Herrschaft, die Kontrolle, die Kraft, die Leistung, die Macht, die Mächtigkeit, die Potenz, die Regierung, die Stärke, die Steuerung, die Wucht, die Vollmacht*。

それに対して男性の力はもっとはっきりとフィジカルな形で現れます。動物の世界では、大きい動物は男性形になる傾向があります：*der Dinosaurier, der Elefant, der Gorilla, der Orang-Utan*。 それに引き換え、小さい動物（*die Maus*）やもっと優雅な動物（*die Giraffe*）は女性形の傾向があります。これは、名詞の性が形や姿の反映でもあることを示しています。

長く伸びた形状のものは男性形の傾向があります ： 帆柱 (*der Mast*)、矢 (*der Pfeil*)、ポール (*der Pfahl*)、柱 (*der Pfeiler*)、支柱 (*der Pfosten*)、棒 (*der Stab*)、棒切れ (*der Stecken*)、杖 (*der Stock*)、木の幹 (*der Stamm*)、茎 (*der Stiel*) 。それに対して、表面が平らな形状のものは女性形の傾向があります：壁、扉、天井、黒板、平面など - *die Wand, die Mauer, die Tür, die Decke, die Tafel, die Fläche, die Ebene, die Seite, die Flanke, die Platte* - 中が空洞の形状のものも女性形の傾向があります：箱、缶、ほら穴、太鼓、パイプ、チューブ など - *die Büchse, die Schachtel, die Box, die Dose, die Höhle, die Trommel, die Röhre, die Tube* - また、先が尖ったものも女性形の傾向があります：*die Gabel, die Klaue, die Kralle, die Nadel, die Pratze, die Schere, die Zange* など。

息子と娘の間で遺産を分ける時と同様に、男の子の方が大空の取り分も大きいです：天空 、惑星 、衛星 、星 。それに対して、女性は太陽 、地球 、金星 をもらいます。

名詞の性が、あるカテゴリーに属すると思えても、それがそのカテゴリーに属さない時は、そのカテゴリーに連続性やヒエラルキーの構造があることがあります。例えば“時”を例にとってみましょう。時の短い間隔を表す名詞は女性形です：*die Zeit, die Uhr, die Stunde, die Minute, die Sekunde* 。 長い間隔を表す名詞は中性形です：*das Jahr, das Jahrzehnt, das Jahrhundert, das Jahrtausend* です。そして、その中間の間隔を表す名詞は男性形です：*der Tag, der Monat*。しかし *die Woche, die Dekade, die Epoche* のように名詞の性がどのカテゴリーに属するか分からないとき、その謎を解くのは第二の鍵 **音** です。

規則２：音

名詞は、1. ある特定の文字で始まるとき、2. 特定の文字で終わるとき、3. 似たような鼻音か母音で終わるとき、同じ性を持つ傾向があります。これはカテゴリーのときと同様の考え方です。すなわち、同種のものは同じ性に分類します。この分類化はただ一つの目的のためにあります。それは、かつて同じ部族の者たちが互いの会話を容易にするためだったのです。彼らが生き残るために明瞭性が必要とされたのです。中世の蝋燭の光だけの台所でスプーンを求められたとき、ナイフと間違えないためです。

正しい性を使う事は会話を二重に確実にします。ですから名詞が音によっても同じ性を持つことはそれ程驚くことではないでしょう。*-e* で語尾が終わる名詞の 90%、*-ie* で終わる名詞の 95%、*-ur* で終わる名詞の 93%、*-cht* で終わる名詞の 64%が女性形です。*-ich* で終わる名詞の 81%が男性形。*-ett* で終わる名詞の 95%、*-ier* で終わる名詞の 60%が中性形です。[15]

この規則を適用してみましょう。*Spur* (足跡、轍 、車線) の性を決定する場合、語尾が *-ur* で終わっているので 93%の確率で女性形だと分かります。さらにもっと確実にしたいと思うなら、規則 1 のカテゴリーを適用してみましょう。足跡、轍、車線と同じ意味を持つ名詞にどんなものがあるでしょうか。*die Allee, die Autobahn, die Bahn, die Piste, die Route, die Schiene, die Straße, die Strecke* という一連の女性名詞は男性名詞の *der Weg, der Pfad* より圧倒的に数が多いので、*Spur* は女性形であることがより明確になりました。これで、*die Spur* だという確率はさらに上がりました。

コンピューター時代の言語学者の研究[16]によって、今日では名詞と性の間の音声的結びつきについて以前より多くの事が分かっています。名詞の最初か最後の文字が子音であれば、男性名詞である可能性がより大きく、特にその名詞が一音節である場合はさらに大きいと言えます。子音で始まり子音で終わる次のような一音節の名詞は83%が男性名詞です：*der Drall, der Knall, der Sand, der Schlaf, der Schlamm, der Zwerg* 。一音節の言葉でぶっきらぼうに答えるティーンエージャーの男の子を想像してみてください。殆どの短い名詞が男性形であることに納得が行くでしょう。

次に、語尾が二つの性の可能性がある場合です。外国人学生には50%の成功確率があります。この50%を、規則1（カテゴリー）を応用してもっと確率を上げることが可能です。例えば語尾が *-nis* の場合、女性形か中性形です。無生物の場合は中性形が多く、女性形はもっと抽象的概念を持つ名詞なので、*Gefängnis* (刑務所、無生物)と、*Bedrängnis* (困窮、抽象的概念)の性がどちらであるかが推測できるでしょう。多分 *das Gefängnis* であろうと言う事は、*Ge-* で始まる殆どの名詞が中性形であると言うことから、さらに確実性が増します。ここで、名詞の語尾が *-nis* で抽象的事物である場合は女性形であると言う原則を応用すれば、*die Bedrängnis* は間違いないでしょう。

さらに *-nis* の別の例として *Kenntnis* (知識)と *Zeugnis* (証明書) を見てみましょう。前者は抽象的ですが、後者は具体的な物、一枚の紙切れです。すなわち *die Kenntnis* と *das Zeugnis* になるでしょう。もちろん、この区別は常にこのように明瞭であるとは限りません。しかし、このドイツ語の性を決定する“コーディング”を良く知っていればいるほど、新しい名詞に出会った時、既知のサンプルに従って正しい冠詞を選ぶことができます。ですから、ここで重要なのは、ただ、この“コーディング”が非常に役立つということに気付くことです。そして常にその証拠を探し求め続けることです。すでに名詞の性が、マークトゥエインが教えられたような偶然性に基づくものではないと知っているあなたは、新しい名詞に出逢ったとき、その名詞が既存のパターンと一致しないとき、自信を持ってその解決法を探り出そうとするでしょう。

別の例を見てみましょう。それぞれ異なる性を持つ三つの名詞 - *Gier* (欲望)、*Atelier* (アトリエ)、*Stier* (雄牛) - が、ここにあるとしましょう。この場合、三つの名詞が同じ語尾を持っているため規則 2 はあまり役に立ちません。そこで規則 1 が役立つか見てみましょう。抽象的なものには女性形、無生物には中性形、生物には多分男性形という規則 1 を当てはめてみます。そこであなたが *die Gier, das Atelier, der Stier* と想像しても、間違えではないでしょう。

ドイツ語の名詞とカテゴリーとの間の関係性に気づくと、カテゴリーがオーバーラップしていることがあり、それが性を決定するのをさらに確実にするでしょう。前にも使ったベン図で *Atelier* という名詞をもう一度検証してみましょう。この名詞はフランス語であり、ドイツ語に取り入れられた外来語です。また 同時に、*Atelier* は *das Haus, das Zimmer, das Studio, das Gebäude, das Geschäft* などと同じカテゴリーに属する名詞です。これによって *das Atelier* である可能性が高くなります。[17] ドイツ語の名詞をカテゴリー別に見るようにすれば、それ

だけ正しい性を見つける可能性がさらに高まるでしょう。（図２）

図 2

カテゴリーがオーバーラップする場合の名詞の例

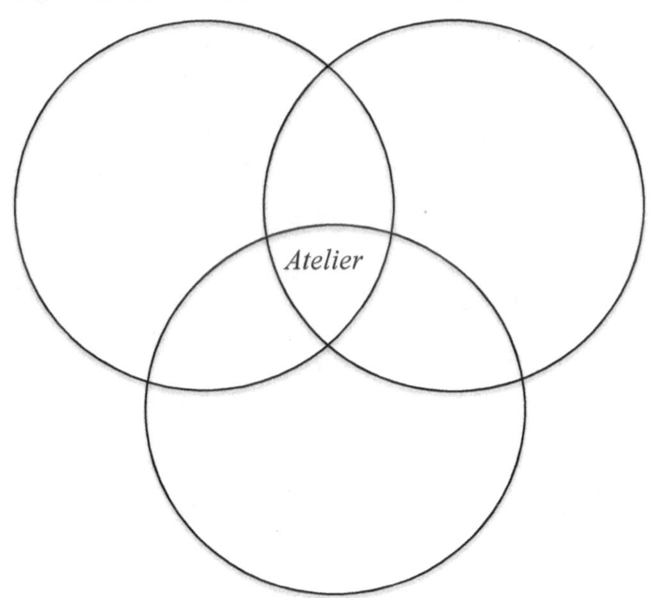

規則１と規則２が相互に完全な調和を示す場合があります。その場合、あなたは二重の確証を得るでしょう。しかし、この二つの規則が衝突を起こす場合があることも知っておく必要があります。その場合、規則１（カテゴリー）が規則２（音）に先行する傾向があります。例えば、“中央ヨーロッパの河川”というカテゴリーでは、川は *die Donau* のように女性形の傾向があります。“中央ヨーロッパ以外の河川”では、*der Nil* のように男性形の傾向があります。それはその名詞と結びついている音とは関係していません。しかし、特別な音（規則２）の場合、その音が規則１（カテゴリー）に先行してしまう名詞もあります。例えば語尾が *-erei* の場合、カテゴリーが示す内容に関わらず、殆ど常に女性形です。こういう場合は規則１より規則２が先行します。規則２の音が規則１のカテゴリーに先行する一例を挙げてみましょう。複数の子音が語頭や語尾に来る名詞は男性名詞が多いことは、既に述べました。*Pfirsich* (桃) という例を見てみましょう。“果実”というカテゴリーは女性形が多いのですが、この *Pfirsich* は女性形に属するには、あまりにも子音が多すぎるので、男性形の *der Pfirsich* になります。規則２が先行しています。

語尾が規則に合わないように見える場合、何らかの他の要因が支配している可能性があります。例えば、名詞が略語や頭字語の場合、その略語や頭字語の元の名詞の性が使われています。あなたが初めてこういう名詞に出会うと困惑するかもしれませんが、例えば語尾が *-e* の *die*

Lokomotive の略語は語尾に *-e* がついていませんが *die Lok* となります。

ナイフ、フォーク、スプーンが台所の道具の最も基本的で重要な名詞ですが、ドイツ語ではそれぞれ異なった性を持っています。このような例外は現代の日常生活からは理解し難いことです。

ナイフから始めましょう。金属は中性の傾向があります。また武器も中性の傾向があります。物を切るために使う長い金属製の刃をもつ刀 (*das Schwert*) は中性です。刃は短いですが、物を切るのに使うナイフも *das Messer* と中性形であってもそんなに驚くことはないでしょう。一つは解決しました。次はフォークです。かつてはフォークを使うのはどちらかと言うと女性的な食べ方でした。マリーアントワネットは食事の時、手袋をはずしませんでした。そして彼女はフォークを使ったのです。フォークのドイツ語である *Gabel* は時代によって語尾が女性形 *-a* だったり *-e* だったりしました。もちろん、こんなことは現代の一般人が知っている訳はありません。要するに、名詞の性は全く偶然の現象ではないと言うことです。どの名詞にも歴史があり、背景があるのです。*Gabel* という言葉はドイツ語では *die Forke* (庭で使う干し草用フォークあるいはピッチフォーク)と同じカテゴリーに属します。この言葉はもう一つ重要なカテゴリーとオバーラップしています。それは、*die Nadel* (針) のように“鋭利で先が尖った”形状のカテゴリーは女性形の傾向があるということです。[18]　これら幅広い背景が、フォークが女性形 *die Gabel* であることの妥当性を示しています。

最後はスプーンです。食事にフォークを使うのが女性的だと言うなら、スープをスプーンで音を立てて啜るのは正反対のことでしょう。スプーンはそんな粗暴なイメージと結びつきます。男性形の *der Löffel* となるでしょう。

これでこの三つの名詞が *das Messer, die Gabel, der Löffel* になる背景が理解されたと思います。あなたがこの上述の三つの話の一つでも思い出せば、その台所道具は常にその話と結びつき、100%の確率で正しい性を選択できるでしょう。

まだ何故ドイツ語の冠詞には三つの性があるのかという重大な疑問が残っています。三つの性の意味するところは何なのか。何故一つではダメなのか。英語は "the" と言う一つの冠詞でこと足りているのに、何故ドイツ語には三つもあるのか。

一般的には、何世紀にも亘って存続してきたものであれば、そこには何らかの意味があるだろうと推測されます。ドイツ語の性の第一義は正確性と言うことです。一度でも英語からドイツ語に何かを真面目に翻訳したことのある人なら、アインシュタインが使うこの言葉が英語よりずっと正確であるということを知っているでしょう。翻訳者が英語の代名詞 "it" をドイツ語に翻訳しようとすると、まずそれがドイツ語の "er", "sie", "es", "ihn", "ihm", "ihr", "der", "die", "das" のどれに該当するのか正しい選択を迫られます。この正確性がドイツ語において重要なのは、ドイツ語が英語よりずっと長文であることが、原因でもあります。英語より約 20%も長いのです。殆どの場合、動詞が文の最後に来るので、主語との間にいくつもの単語があり、離れています。文が長くなると、誰が誰にいつ何をどのようにしたかという関係性の混乱を避けるために、正確な識別子が必要になります。ドイツ語が、近い将来この三つの性を放棄することは無いだろうことは、このことからもはっきりと示されています。

このガイドブックの使用法を説明しましょう。まず一度ざっと通読して、その上であなたが精通したい箇所に戻ってください。規則１と規則２の理解を深めて行けば、すべての名詞の性に対する推察の助けになり、自信を持ってドイツ語を話せるようになるでしょう。名詞の例が多ければ、それだけより確実な関係性を見出せますし、特定の規則と結びつけることができるでしょう。

後ろの索引もあなたの実力をテストするのに役立ててください。各索引項目を質問と見なしてください。この項目は、どの性を示す傾向があるか考えてみてください。ここで忘れてはならないのは、可能性を検証することです。規則１と規則２の知識を組み合わせることによって、名詞の性を正確に判断する確率が高くなります。

この本の最大の価値は、名詞を特定の性に結びつけるパターンを示すことです。あなたが出会った新しい名詞が、どのパターンに当てはまるかをメモしてみてください。あなたの専門分野で使う単語が新しいカテゴリーを形成していたり、相互に連結していたりするかもしれません。それをあなたが発見する可能性は大いにあり得るでしょう。

これまでにドイツ語を習得するに当たり、この性の問題でどれほど多くの時間を費やしてきたかを考えるとき、このリバースエンジニアリングの方法を使って名詞の性を解明する作業は、きっとあなたにとって、とても楽しい冒険となることでしょう。しかし、一つご忠告をしておきましょう。この名詞の性という難解なテーマを専門としているドイツ言語学の教授を除いては、あなたが性を決定する鍵を見つけた時の興奮をドイツ語ネイティブスピーカーの一般人とは共有できません。彼らにとってドイツ語の性は何の問題にもならないのですから。学校でもリバースエンジニアリングを使った性へのアプローチなど全く習わなかったのですから、そんな聞いたこともない「規則」をあなたが学習していると言うことには疑問を抱くでしょう。あなたがどんどんこの問題のエキスパートになって、そのことを誰かに話したいと思って彼らに話すなら、少しの間あなたに調子を合わせるかもしれませんが、すぐに自分たちの言語の性を解明する原則などを説明するあなたの話に飽きてしまうでしょう。彼らにとってこれはどうでも良いことなのです。何も考えなくても、正しい性を言えるのですから。何故（why）かは知らずに、どのように（how）使うかだけを知っているのです。あなたは、まず何故（why）を知って、それから、どのように（how）使うかを知ることができるのです。

ですから、あなたのモチベーションを高めるためには、あなたのようにドイツ語の性を習得しようと奮闘している仲間の学生と、あなたの興奮を分かち合ってください。

Der：男性名詞の規則

規則1：カテゴリー

多くの動物(特に大きい、恐ろしい、醜い、強い動物や、童話に悪者として登場するような動物)：der Adler (ワシ), der Alligator (ワニ), der Bär (クマ), der Biber (ビーバー), der Blauwal (シロナガスクジラ), der Büffel (バッファロー), der Delphin (イルカ), der Dinosaurier (ディノサウルス), der Elefant (ゾウ), der Esel (ロバ), der Fisch (魚), der Fuchs (キツネ), der Gorilla (ゴリラ), der Hahn (雄鶏), der Hummer (ロブスター), der Hund (イヌ), der Löwe (ライオン), der Maulwurf (モグラ), der Orang-Utan (オランウータン), der Stier (雄牛), der Tiger (トラ), der Vogel (鳥), der Wal (クジラ), der Wolf (オオカミ)。 動物が小さくて弱々しい場合でも語尾が *-er* の場合は男性名詞です：der Hamster (ハムスター), der Käfer (カブトムシ)

一日の中の時間帯：der Morgen (朝), der Mittag (昼), der Abend (晩)（しかし *Nacht* は語尾が *-acht* なので *die Nacht*)

曜日：der Tag (日), der Montag (月曜日), der Dienstag (火曜日), der Mittwoch (水曜日), der Donnerstag (木曜日), etc.

月：der Monat (月), der Januar (一月), der Februar (二月), der März (三月), etc.

四季：der Frühling (春), der Sommer (夏), der Herbst (秋), der Winter (冬)

方角：der Osten (東), der Westen (西), der Süden (南), der Norden (北), der Nordosten (北東), der Pol (極), der Nordpol (北極), der Südpol (南極), der Gegenpol (対極), der Kompass (磁石)

降水現象と風：der Tropfen (滴), der Regen (雨), der Nebel (霧), der Schnee (雪), der Hagel (雹), der Blitz (稲妻), der Donner (雷), der Wind (風), der Sturm (嵐), der Tornado (竜巻), der Hurrikan (ハリケーン), der Föhn (フェーン現象), der Passat (貿易風), etc.
例外：*die Böe* (突風), *die Brise* (そよ風), *die Bise* (北風) – これらの名詞は語尾が母音 *-e* で終わっているので女性形です。

天体：der Himmel (空), der Mond (月), der Stern (星), der Komet (彗星), der Asteroid (小惑星), der Planet (惑星), der Mars (火星), der Merkur (水星), der Jupiter (木星), der Saturn (土星), der Neptun (海王星), der Pluto (冥王星), der Quasar (クエーサー), der Pulsar (パルサー), der Satellit (衛星); しかし、Venus (金星) は惑星ですが、

古代ローマの愛の女神であるので、女性形です。*die Sonne*(太陽) と *die Erde*(地球) も語尾が *-e* なので女性形です。

土壌、鉱物、岩：der Boden (土壌), der Sand (砂), der Stein (石), der Fels (岩), der Granit (花崗岩), der Diamant (ダイヤモンド), der Marmor (大理石), der Quarz (石英), der Smaragd (エメラルド) 例外：*die Kreide*(石灰岩；語尾が女性形 *-e*)

汚物、ゴミ：der Abfall (屑、ゴミ), der Dreck (泥), der Dung (肥) , der Kehricht (塵芥), der Mist (糞), der Müll (ゴミ), der Plunder (がらくた), der Schmuddel (汚泥), der Schmutz (汚物), der Schrott (スクラップ), der Staub (ほこり), der Urin (尿), etc.

中央ヨーロッパ以外の多くの河川の名前：der Amazonas (アマゾン川), der Mississippi (ミシシッピ川), der Nil (ナイル川) 例外：中央ヨーロッパの川は女性名詞が多いですが、*der Rhein* (ライン川), *der Main* (マイン川)は男性名詞です。

内陸の水域：der Bach (小川), der Fluss (川) に関連する男性名詞：der Abfluss (流出), der Ausfluss (放出), der Einfluss (流入), der Damm (ダム), der Kanal (運河), der See (湖), der Teich (池), der Pool (プール), der Swimmingpool (スイミングプール)[19]

山の名前：der Berg (山), der Gipfel (頂上), der Hügel (丘), der Mont Blanc (モンブラン), der Mount Everest (エベレスト), der Kilimanjaro (キリマンジャロ)
さらに女性形の語尾である母音 *-a* が付いていても *der Himalaja/der Himalaya*（ヒマラヤ）も男性形です。

細長い形状：

○der Arm (腕、袖、支流、腕木)
○der Ast (枝)
○der Baumstamm (木の幹)
○der Draht (針金)
○der Golfschläger (ゴルフクラブ)
○der Hals, der Nacken (頸部、首)
○der Mast (帆柱、鉄塔)
○der Pfahl (杭)
○der Pfeiler (柱)
○der Pfosten (支柱)
○der Schenkel (脚、大腿、幾何学の辺)
○der Stab (棒、杖)
○der Stecken (棒切れ)
○der Stiel (柄、茎)
○der Stift (鉛筆、ペン)
○der Stock (杖、スキーのストック)
○der Turm (塔)

布：der Filz (フェルト), der Lappen (布切れ、ぞうきん), der Stoff (布地、織物), der Taft（タフタ)

魚類：der Fisch (魚), der Aal (ウナギ), der Barsch (バス), der Haifisch (サメ), der Kabeljau (タラ), der Lachs (サケ), der Thunfisch (マグロ)　例外：語尾が女性形を示す *-e* の *die Forelle* (マス), *die Seezunge* (シタビラメ)

植物：例外として、木、花、果実は女性形の傾向があります。特に語尾に *-e* がつく場合は女性形です。語尾に *-e* が付かない植物、野菜、サラダ、種は、普通は男性形です：der Bambus (竹), der Blumenkohl (カリフラワー), der Brokkoli (ブロッコリー), der Dill (ディル), der Estragon (エストラゴン), der Fenchel (ウイキョウ), der Hanf (麻), der Ingwer (ショウガ), der Koriander (コリアンダー), der Lauch (ネギ), der Mais (トウモロコシ), der Meerrettich (ホースラディッシュ), der Oregano (オレガノ), der Pfeffer (コショウ), der Pilz (キノコ), der Reis (米), der Rosenkohl (芽キャベツ), der Rosmarin (ローズマリー), der Senf (マスタード), der Schnittlauch (アサツキ), der Spinat (ホウレン草), der Thymian (タイム), der Salat (サラダ)

ジュース：der Saft (果汁), der Apfelsaft (りんごジュース), der Orangensaft (オレンジジュース), der Zitronensaft (レモンジュース)

コーヒー、茶、ケーキ：der Tee (茶) → der Rooibos (ルイボス茶), der Kaffee (コーヒー) → der Espresso (エスプレッソ), der Cappuccino (カプチーノ), der Kuchen (ケーキ)

アルコール飲料の名前：der Alkohol (アルコール), der Champagner (シャンパン), der Cognac (コニャック), der Likör (リキュール), der Ouzo (ウーゾ), der Prosecco (プロセッコ), der Rum (ラム酒), der Schnaps (蒸留酒), der Sekt (スパークリングワイン), der Wein (ワイン), der Whiskey (ウィスキー), der Wodka (ウォッカ)
例外：*das Bier* （ビール）[20]

サブカテゴリーはメインカテゴリーと同じ性です：

○das Bier (ビール) → das Pils (ピルス)
○der Cocktail (カクテル)→ der Mojito (モヒート), der Cosmopolitan (コスモポリタン)
○der Wein (ワイン) → der Merlot (メルローワイン), der Riesling (リースリング)

装備、器具、道具（特に語尾が *-er, -or* の名詞）：

○der Atomreaktor (原子炉)
○der Computer (コンピューター)
○der Cursor (カーソル)
○der Detektor (探知機)

○der Fernseher (テレビ)
○der Generator (発電機)
○der Katalysator (触媒)
○der Kondensator (コンデンサー)
○der Kugelschreiber (ボールペン)
○der Monitor (モニター)
○der Motor (モーター)
○der Projektor (プロジェクター)
○der Prozessor (プロセッサー)
○der Radiator (ラジエーター)
○der Sensor (センサー)
○der Simulator (シミュレーター)
○der Stabilisator (スタビライザー)
○der Taschenrechner (計算機)
○der Toaster (トースター)
○der Traktor (トラクター)
○der Ventilator (換気装置)

語尾に *-or* が付く装備、器具、道具ではない男性名詞：

○der Chor (合唱団)
○der Faktor (要素)
○der Horror (ホラー)
○der Humor (ユーモア)
○der Indikator (指標)
○der Korridor (廊下)
○der Sektor (セクター)

○der Terror (テロ)
○der Tresor (金庫)
○der Tumor (腫瘍)
○der Vektor (ベクトル)

車のメーカー：der Audi, der BMW, der Mercedes, der Volkswagen 等は男性形です。この規則は車のタイプには当てはまりません。また、*das Cabriolet* (オープンカー) と *das Coupé* (クーペ) はフランス語由来なのでドイツ語では中性名詞です。しかし *die Limousine* (リムジン) はフランス語由来ですが、語尾が *-e* なので、女性名詞です。

列車の名前：der Zug (列車), der ICE, der TGV

通貨：der Cent, der US-Dollar, der Euro, der Schweizer Franken, der Peso, der Pfennig, der südafrikanische Rand, der Rappen, der Renminbi, der Rubel, der japanische Yen, der chinesische Yuan
例外：英国ポンド（das Pfund；ポンドは重量の単位として中性形で使われています。）die Lira, die Krone (語尾が *-a* と *-e*), die Mark, die Deutschmark, die D-Mark (中世には語尾に *-a* と *-e* が付いていました。)

音楽の種類：der Blues, der Jazz, der Pop, der Rock, der Rap, der Reggae, der Schlager しかしクラシックのジャンルには当てはまりません：*die Klassik, die Oper*

ダンスの種類：der Foxtrott, der Tango, der Bolero, der Flamenco, der Cha-Cha-Cha, der Mambo, der Rumba, der Samba,[21] der Walzer　例外：*die Polka, das Menuett*

男の人を表す名詞：もちろん、このカテゴリーは直感的に男性名詞だと分かります。しかしドイツ語では常にそうとは限りません。*der Mann* (男), *der Vater* (父), *der Sohn* (息子), *der Bub* (男の子), *der Bruder* (兄弟), *der Onkel* (叔父、伯父) 等の名詞は、人間の「自然の性」と「文法の性」の間に関連性がありますが、縮小辞がつくと、*das Bübchen* (小さい男の子)や *das Männchen* (多分、小男を憐れむ気持ちや面白がって呼ぶときなど) は中性形に変わります。また、例え男性を指していても、*die Person*（人、人物）や *die Geisel* (人質)は男性形ではありません。

規則２：音

男性名詞の大部分は、子音で始まり子音で終わります。そして、語頭と語尾に多くの子音が来るほど男性名詞である確率が高くなります。

次の語頭と語尾を持つ名詞は典型的な男性名詞です：

-aal： der Aal, der Saal　語尾に *-saal* がつく派生語の多くが男性名詞です：例えば der Gerichtssaal, der Speisesaal, der Wartesaal

-ag：

○der Airbag
○der Alltag
○der Anschlag
○der Antrag
○der Auftrag
○der Beitrag
○der Belag
○der Durchschlag
○der Ertrag
○der Gag (英語の gag が由来)[22]
○der Hag
○der Jetlag
○der Lag (英語の lag が由来)
○der Montag

○der Tag
○der Schlag
○der Verlag
○der Vertrag
○der Vorschlag

-all :

○der Abfall
○der Aufprall
○der Ball
○der Drall
○der Fall
○der Hall
○der Knall
○der Krawall
○der Kristall
○der Schall
○der Vorfall
○der Zufall

例外（中性名詞）：

○das All (*das Universum* と同じカテゴリー)
○das Intervall (由来はラテン語の *intervallum* 。外来語なので中性名詞)
○das Metall (金属は一般的に中性名詞)

例外（女性名詞）：die Nachtigall (小鳥の多くが女性名詞)

-am : der Gram, der Imam, der Islam, der Kram, der Sesam, der Grand Slam, der Poetry-Slam

-an : 語尾が *-an* の名詞は男性名詞です。*-an* のつく名詞は外来語でも、中性名詞ではなく男性名詞になる傾向があります。

○der Altan
○der Baldrian
○der Balkan
○der Blödian
○der Caravan
○der Dekan
○der Diözesan
○der Diwan
○der Dressman
○der Elan
○der Enzian
○der Fan
○der Fasan
○der Gentleman
○der Grobian
○der Grünspan
○der Hooligan
○der Hurrikan
○der Iran, der Sudan, der Südsudan (数少ない男性名詞の国名。殆どの国名は中性名詞。)
○der Kaftan
○der Katamaran
○der Orang-Utan
○der Klan

○der Koran
○der Kran
○der Kumpan
○der Lebertran
○der Leguan
○der Majoran (マジョラム；薬味は一般的に男性名詞)
○der Median
○der Meridian
○der Merlan
○der Orkan
○der Ortolan
○der Ozean
○der Parmesan
○der Pavian
○der Pelikan
○der Plan
○der Ramadan
○der Roman
○der Safran (サフラン；薬味は一般的に男性名詞)
○der Schlendrian
○der Schwan
○der Slogan
○der Sopran
○der Span
○der Steppenwaran
○der Stuntman
○der Sultan
○der Talisman
○der Tarzan
○der Thymian (タイム；薬味は一般的に男性名詞)

○der Titan (ギリシャ神話の神タイタン)
○der Tran
○der Tukan
○der Turban
○der Ulan
○der Untertan
○der Van
○der Vatikan
○der Veteran
○der Vulkan
○der Yuan (中国の通貨; 通貨は一般的に男性名詞)

-an で終わる男性の名前：

(der) Adrian, (der) Christian, (der) Fabian, (der) Florian, (der) Ivan, (der) Jean, (der) Jonathan, (der) Julian, (der) Kian, (der) Kilian, (der) Marian, (der) Maximilian, (der) Sebastian, (der) Stefan/Stephan, (der) Tilman, (der) Tristan

例外：国名は一般的に中性名詞です。そして、語尾が *-an* で終わる名前の場合も中性名詞です:[23] (das) Afghanistan, (das) Aserbaidschan, (das) Bhutan, (das) Japan, (das) Kasachstan, (das) Kirgistan, (das) Kurdistan, (das) Pakistan, (das) Tadschikistan, (das) Taiwan, (das) Turkmenistan, (das) Usbekistan

語尾が *-an* で終わるその他の例外：周期表の元素、金属、気体、化学物質とその派生物は一般的に中性です：

○das Butan
○das Heptan
○das Hexan
○das Filigran
○das Mangan
○das Methan
○das Nonan
○das Oktan
○das Pentan
○das Propan
○das Titan
○das Tryptophan
○das Uran
○das Marzipan
○das Porzellan
○das Zellophan

その他よく使われる中性名詞の三つの例外：*das LAN* (Local Area Network の略語), *das WLAN* (Wireless Local Area Network の略語), *das Organ*

語尾に *-an* の付く女性名詞の非常に稀な例外：*die Membran* (皮膜；*die Haut* と同じカテゴリー)

-ang：

○der Anfang
○der Drang
○der Einklang
○der Empfang

〇der Fang
〇der Gang
〇der Gesang[24]
〇der Hang
〇der Klang
〇der Mustang
〇der Rang
〇der Slang
〇der Strang
〇der Tang
〇der Vorhang

-ant：男の人や動物：

〇der Demonstrant
〇der Lieferant
〇der Elefant

例外：無生物やフランス語由来の名詞は一般的に中性名詞です：*das Croissant, das Deodorant, das Restaurant*

-ast：

〇der Ballast
〇der Bast
〇der Chloroplast
〇der Damast
〇der Enthusiast
〇der Fahnenmast
〇der Fantast/Phantast
〇der Gast

○der Gymnasiast
○der Knast
○der Kontrast
○der Mast
○der Morast
○der Palast
○der Seidelbast
○der Toast [25]
○der Zytoblast

例外：*-ast*の付く女性名詞 (女性形は一般的にはもっと抽象的な名詞)：

○die Altlast (レガシー)
○die Beweislast (立証責任、オーナス)
○die Hast (速攻、迅速)
○die Last (重荷、負担、荷物)
○die Mast (肥育)
○die Rast (休憩、小休止)
○die Unrast (落ち着きのなさ)

-auch：

○der Bauch
○der Brauch
○der Gebrauch
○der Knoblauch
○der Lauch
○der Missbrauch
○der Rauch
○der Schlauch

○der Strauch
○der Verbrauch

-aum :

○der Baum
○der Flaum
○der Raum
○der Traum
○der Schaum
○der Saum

-bold :

○der Kobold
○der Lügenbold
○der Trunkenbold
○der Witzbold

-eg :

○der Abstieg
○der Ausstieg
○der Ausweg
○der Beleg
○der Krieg
○der Weg

例外：語源がラテン語の中性名詞二つ。*das Privileg, das Sakrileg*

-eis：

○der Ausweis
○der Kreis (*der Ring, der Zirkel*と同じカテゴリー)
○der Preis

-en：語尾が *-en*の名詞の約８０％が男性名詞で、[26] 残りは中性名詞です。*-en*が付く女性名詞は見当たりません。語尾が *-en*の男性名詞の例：

○der Besen
○der Boden
○der Bogen
○der Brunnen
○der Daumen
○der Drachen
○der Faden
○der Felsen
○der Frieden
○der Funken
○der Garten
○der Gaumen
○der Hafen
○der Kasten
○der Knochen
○der Kragen
○der Kuchen
○der Laden
○der Magen
○der Nacken
○der Ofen

◯der Rahmen
◯der Rasen
◯der Regen
◯der Rücken
◯der Samen
◯der Schaden
◯der Schinken
◯der Segen
◯der Socken
◯der Tropfen
◯der Wagen
◯der Weizen
◯der Zapfen

語尾が *-en* の名詞の約２０％が中性名詞です：[27]

- 動詞から派生して語尾が *-en* で終わる名詞は中性名詞：[28] das Essen, das Leben, das Wissen, das Schreiben, das Treffen, das Beben

- 縮小辞の語尾が *-en* の名詞は中性名詞：das Küken, das Fohlen

- 文法用語、品詞は一般的に中性名詞なので語尾が*-en* の名詞でも中性形： das Nomen

- 分類したカテゴリーの上位に位置する名詞や第一義的な意味の名詞は中性形になる傾向があります。中性名詞の章で詳しく説明します。語尾が *-en* の次の

名詞も中性です：das Wesen, das Volumen, das Vermögen

- 寝室 (*das Schlafzimmer*) と浴室 (*das Badezimmer*) が中性名詞なので、これに関連した名詞の中に語尾が *-en* でも中性になるものがあります：das Bad (浴槽), das Becken (洗面器、貯水池), das Bett (ベッド), das Kissen (枕), das Laken (シーツ), das Leinen (リンネル、リネン), das Leintuch (ベッドシーツ), das Waschbecken (洗面台)

- その他 *-en* の付く中性名詞：das Examen (フランス語由来なので、中性名詞), das Eisen (鉄は金属なので中性形), das Wappen (紋章；武器、家紋と同様に中性形です。*das Banner*, *das Hoheitszeichen* と同じ中性名詞のカテゴリーに属します。)

-ent：但し *-ment* を除きます。*-ment* は普通、中性名詞です[29]

○der Abiturient
○der Abonnent
○der Absolvent
○der Advent
○der Agent
○der Akzent
○der Assistent
○der Barchent
○der Cent

○der Dirigent
○der Dissident
○der Dozent
○der Exponent
○der Gradient
○der Koeffizient
○der Konsument
○der Kontinent
○der Kontrahent
○der Konvent
○der Korrespondent
○der Moment
○der Okzident
○der Opponent
○der Orient
○der Patient
○der Präsident
○der Produzent
○der Quotient
○der Referent
○der Regent
○der Resident
○der Rezensent
○der Student
○der Zedent

例外（中性名詞）：

○das Kontingent (割当て；フランス語由来、語源がラテン語)

○das Patent (特許；語源がラテン語)

○das Prozent (断片や部分を表すカテゴリーは中性形：das Viertel, etc.)

○das Talent (タレントの語源は、*das Pfund*のような重量の単位を意味する古代ギリシャ語で、典型的な中性名詞。現在は天性の才能や技能を意味します。)

○das Transparent (横断幕；*das Banner*と同様、旗印、プラカードの意味)

-er：語尾が *-er*の名詞の約 70% が男性形です [30]
但し *-ier*を除きます。[31]

男性名詞の例：

○der Acker
○der Ärger
○der Becher
○der Donner
○der Dünger
○der Eifer
○der Eimer
○der Eiter
○der Fächer
○der Fehler
○der Filter
○der Finger
○der Hammer
○der Hocker
○der Hunger
○der Jammer

○der Kater
○der Keller
○der Koffer
○der Körper
○der Kühler
○der Kummer
○der Laster
○der Ordner
○der Panzer
○der Sender
○der Sommer
○der Teller
○der Wecker
○der Winter
○der Zauber
○der Zucker

動詞から派生して語尾が *-er* で終わる名詞は男性形です：arbeiten → *der Arbeiter*; fahren → *der Fahrer*; lehren → *der Lehrer*; spielen → *der Spieler*

名詞、動詞、形容詞の語尾に *-er, -ler, -ner, -iker* が付く名詞は男性形です：Eisenbahn → *der Eisenbahner*; Hamburg → *der Hamburger*; Sport → *der Sportler*; Rente → *der Rentner*; Alkohol → *der Alkoholiker*; fernsehen → *der Fernseher*; fehlen → *der Fehler*

数の派生語で語尾に *-er* が付くと男性形です：
50 → *der Fünfziger*

例外：語尾が *-er* の名詞の約 15%は女性形です。[32]

語尾が *-er* の女性名詞のカテゴリーの一つは、体の部分の名称です:

○die Ader (動脈)
○die Leber (肝臓)
○die Schulter (肩)
○die Wimper (まつ毛)
○die Herzkammer (心室)

その他、語尾に *-er* が付く女性名詞：

○die Butter (かつては、語尾は -a で終わっていました。またカテゴリー的にも die Kuh → die Milch → die Butter と考えられます。) [33]
○die Dauer (継続；*die Zeit* と同じカテゴリー)
○die Elster (カササギ; 小鳥は女性名詞)
○die Faser (繊維； *die Litze* の同義語)
○die Feder (羽、バネ)
○die Feier (祝い、祭り)
○die Folter (拷問；*die Quälerei, die Tortur* と同じカテゴリー)
○die Leiter (梯子；*die Verbindung* の類義語：*die Leitung* の派生語です。)
○die Oper (18 世紀末頃には語尾に *-a* のつく女性名詞でした。)
○die Marter (拷問、責め苦；*die Quälerei, die Tortur* と同じカテゴリー)

○die Mauer (*die Wand* の類義語；平らな形状は一般的に女性形)
○die Metapher (比喩; *die Übertragung* の類義語)
○die Steuer (税金；数は女性形)
○die Trauer (悲嘆；涙は女性形: *die Träne*)
○die Ziffer (数字；数は女性形)

中性名詞の例外：語尾が*-er* の名詞の 15%は中性形です。[34]

○das Alter (年齢のカテゴリーのトップに位置します。普通、年齢は年 *das Jahr* で測ります。)
○das Banner (旗、旗印；フランス語由来。外来語は中性名詞。同じカテゴリーには *das Wappen, das Hoheitszeichen* があります。)
○das Feuer (火；自然の基本要素は一般的に中性名詞)
○das Fieber (熱；語源がラテン語の言葉は一般的に中性名詞)
○das Futter (餌；上位のカテゴリー、動物の食料)
○das Gatter (ゲート; *das Tor, das Portal, das Hindernis* と同じカテゴリー)
○das Gitter (鉄格子、メッシュ；金属は中性名詞)
○das Kloster (僧や尼僧が住む修道院。語源はラテン語; *das Wohnhaus* と同じカテゴリー)
○das Kupfer (銅； 金属は一般的に中性名詞)
○das Lager (倉庫、貯蔵庫、キャンプ; *das Camp, das Vorratshaus, das Depot* と同じカテゴリー)

○das Leder (革；*das Fell*と同様に動物製品と同じカテゴリー)

○das Messer (ナイフ；金属と刀剣は中性名詞)

○das Muster (手本；*das Beispiel*と同じカテゴリー)

○das Opfer (供物として生命のない物や人、または男性女性の犠牲者)

○das Pflaster (舗装、絆創膏)

○das Poster (外来語は中性名詞)

○das Pulver (パウダー、粉末、火薬)

○das Ruder (オール、櫂、舵；*das Steuer, das Paddel*と同じカテゴリー)

○das Silber (銀；金属は中性名詞)

○das Ufer (岸；*das Land*と同じカテゴリー)

○das Wasser (水; 自然の要素は一般的に中性名詞)

○das Wetter (天気；*das Klima*と同じ中性形のカテゴリー)

○das Wunder (奇跡；*das Geschehen, das Ereignis, das Staunen*と同じ中性形カテゴリー)

○das Zimmer (部屋；由来は動詞 *zimmern*で、材木や角材で何かを作る意味。*das Gemach* (室、部屋、住居)、*das Haus, das Gebäude*と同じ中性形のカテゴリー)

-el：語尾が *-er* (上述を参照) と同様、語尾が *-el*の名詞は男性名詞が多く、*-el*で終わる名詞の約 60%が男性名詞です。[35]

語尾が *-el* の男性名詞の例：

○der Apfel（果物は女性形という規則の例外の一つ。）
○der Ärmel
○der Beutel
○der Büffel
○der Bügel
○der Deckel
○der Engel
○der Esel
○der Flügel
○der Gipfel
○der Gürtel
○der Handel
○der Hebel
○der Henkel
○der Himmel
○der Hügel
○der Jubel
○der Kegel
○der Kessel
○der Kittel
○der Knöchel
○der Knorpel
○der Mangel
○der Mantel
○der Muskel
○der Nabel
○der Nagel
○der Nebel

○der Schlüssel
○der Schnabel
○der Sessel
○der Tempel
○der Titel
○der Tunnel
○der Winkel
○der Zettel
○der Zirkel
○der Zweifel

例外：語尾が *-el* の名詞の約 25％ [36] が女性名詞です。

- 鳥（あまり大きくない鳥は女性形）：die Amsel (クロウタドリ)、die Drossel (ツグミ)、die Wachtel (ウズラ)

- 植物の派生物：die Dattel (デーツ)、die Distel (アザミ)、die Eichel (どんぐり)、die Wurzel (根)

- 語尾が *-er* の名詞と同様に、 語尾が *-el* の場合も身体部分の名称のいくつかは女性名詞です：die Achsel (腋窩、脇の下)

- 食物の一部と関連家庭用品：die Gabel（この重要な食器は女性形　―これについては前書きを参照）、die Kordel (ひも、弦)、die Kurbel (クランク軸)、die Muschel (貝；9 世紀の *muscula* が由来)、die

Nudel (麺)、他の家庭道具と家庭用品で語尾が *-el* の女性名詞：die Nadel (針)、die Tafel (黒板、食卓)

- die Angel (釣り竿、ちょうつがい)

- 成句、規則、物語は女性形が多い：die Bibel (聖書)、die Regel (規則)、die Klausel (但し書き、条項、約款)、die Fabel (寓話) 、die Floskel (常套句、大した意味もない決まり文句)

- 光る物や光源となる物：die Ampel (信号；die Lampe と同様)、die Fackel (松明；８世紀の *fackala* が由来)

- die Insel (島; ラテン語の *insula* が由来で、語尾が *-a* であるため)

- die Klientel (顧客、客筋、依頼人；ラテン語の *clientela* が由来で、その語尾が *-a* であるため)

- die Kugel (中世には語尾に *-a* が付いていたため)、die Gondel (イタリア語の *gondola* が由来で、その語尾が *-a* であるため)、die Kapsel （ラテン語の *capsula* が由来）、die Orgel (ラテン語の *organa* が由来)、die Formel (ラテン語の *formula* が由来)、die Geisel (人質、男女共通)

例外：語尾が *-el* の名詞の約 15%が中性形。

○das Debakel (崩壊；フランス語源の外来語のため中性形。*das Fiasko* や *das Desaster* と同じカテゴリー)
○das Ferkel (子豚；縮小辞は中性形)
○das Hotel (ホテル；*das Gasthaus* と同じカテゴリー。ホテルの名前も中性形)
○das Kabel (ケーブル; *das Seil* と同じカテゴリー)
○das Kapitel (章；*das Buch* の一部。ラテン語の *capitulum* が由来で、ラテン語由来の名詞はドイツ語になると中性形)
○das Mittel (手段、方法；*das Geld, das Kapital* などとリンクしているため)
○das Nickel (ニッケル；金属は中性名詞)
○das Orakel (神託；ラテン語の *oraculum* が由来)
○das Paddel (パドル；外来語で *das Ruder* と同じカテゴリー)
○das Pendel (振り子；ラテン語の *pendulum* が由来)
○das Rätsel (謎；*das Geheimnis, das Wunder, das Mysterium, das Phänomen* と同じ中性形のカテゴリー)
○das Rudel (群れ、一群；集合名詞は一般的に中性形。特に *Ge-* で始まる名詞)
○das Segel (帆；*das Tuchstück* であるため)

○das Übel (悪；*das Böse, das Leid*と同じ中性名詞のカテゴリー)
○das Wiesel (イタチ；小動物)

-eur：(注意：*-ur*ではない) [37] 仏語由来の名詞で主に職業名や役割や活動などを意味する。例えば：

○der Amateur
○der Chauffeur
○der Dekorateur
○der Exporteur
○der Gouverneur
○der Graveur
○der Importeur
○der Ingenieur
○der Inspekteur
○der Installateur
○der Instrukteur
○der Kollaborateur
○der Kommandeur
○der Konstrukteur
○der Kontrolleur
○der Masseur
○der Monteur
○der Operateur
○der Provokateur
○der Redakteur
○der Regisseur
○der Saboteur
○der Schwadroneur

○der Spediteur
○der Transporteur

例外：das Interieur (内装; 職業名や役割や活動ではなく、無生物)

-ich：語尾が *-ich* で終わる名詞の 81% が男性名詞。[38]

○der Anstrich
○der Ausgleich
○der Bereich
○der Deich
○der Fittich (鳥の翼；詩的表現で *der Flügel* と同じカテゴリー)
○der Streich
○der Strich
○der Teich
○der Teppich
○der Vergleich
○der Wüterich

-ig：der Honig, der Käfig, der Teig, der Pfennig

-iker： (100%男性名詞)

○der Akademiker
○der Alkoholiker
○der Analytiker

- ◯ der Arithmetiker
- ◯ der Botaniker
- ◯ der Chemiker
- ◯ der Diabetiker
- ◯ der Dogmatiker
- ◯ der Dramatiker
- ◯ der Egozentriker
- ◯ der Elektriker
- ◯ der Elektroniker
- ◯ der Esoteriker
- ◯ der Ethiker
- ◯ der Exzentriker
- ◯ der Fanatiker
- ◯ der Grafiker/der Graphiker
- ◯ der Historiker
- ◯ der Informatiker
- ◯ der Ironiker
- ◯ der Keramiker
- ◯ der Klassiker
- ◯ der Komiker
- ◯ der Kosmetiker
- ◯ der Kritiker
- ◯ der Logiker
- ◯ der Mathematiker
- ◯ der Mechaniker
- ◯ der Musiker
- ◯ der Mystiker
- ◯ der Optiker
- ◯ der Physiker
- ◯ der Polemiker
- ◯ der Politiker

○der Pragmatiker
○der Praktiker
○der Rhetoriker
○der Romantiker
○der Satiriker
○der Skeptiker
○der Stoiker
○der Taktiker
○der Techniker
○der Theoretiker
○der Zyniker

-ismus：(100%男性名詞)

○der Absolutismus
○der Anachronismus
○der Anarchismus
○der Antifaschismus
○der Atheismus
○der Automatismus
○der Buddhismus
○der Calvinismus
○der Chauvinismus
○der Dadaismus
○der Egoismus
○der Euphemismus
○der Exhibitionismus
○der Expressionismus
○der Extremismus
○der Fanatismus
○der Fatalismus

○ der Feminismus
○ der Fetischismus
○ der Feudalismus
○ der Fundamentalismus
○ der Futurismus
○ der Hellenismus
○ der Humanismus
○ der Idealismus
○ der Imperialismus
○ der Impressionismus
○ der Individualismus
○ der Journalismus
○ der Kapitalismus
○ der Klassizismus
○ der Kolonialismus
○ der Kommunismus
○ der Konfuzianismus
○ der Liberalismus
○ der Marxismus
○ der Masochismus
○ der Materialismus
○ der Mechanismus
○ der Militarismus
○ der Minimalismus
○ der Moralismus
○ der Nationalismus
○ der Naturalismus
○ der Nazismus
○ der Nihilismus
○ der Opportunismus
○ der Optimismus

○ der Organismus
○ der Pazifismus
○ der Perfektionismus
○ der Pessimismus
○ der Populismus
○ der Pragmatismus
○ der Protektionismus
○ der Puritanismus
○ der Radikalismus
○ der Rassismus
○ der Rationalismus
○ der Realismus
○ der Sadismus
○ der Separatismus
○ der Snobismus
○ der Sozialismus
○ der Terrorismus
○ der Tourismus
○ der Vandalismus
○ der Zionismus

Kn- :

○ der Knabe
○ der Knacker
○ der Knall
○ der Knebel
○ der Kniff
○ der Knopf
○ der Knüppel
○ der Knoblauch

○der Knochen

(名詞の語頭か語尾に子音が多く重なるほど男性名詞である可能性が高い。[39]　例外：*das Knie*)

-ling：*-ling*で終わる名詞は男性名詞です。しかし*-ing*[40]の場合は必ずしも男性名詞とは限りません。

○der Abkömmling
○der Ankömmling
○der Dichterling
○der Drilling
○der Eindringling
○der Erdling
○der Flüchtling
○der Frühling
○der Lehrling
○der Liebling
○der Säugling
○der Schmetterling
○der Schützling
○der Schwächling
○der Zwilling

-mpf：

○der Dampf
○der Kampf
○der Krampf
○der Rumpf
○der Stumpf

○der Sumpf
○der Strumpf
○der Trumpf

-ner : der Kenner, der Ordner

例外：das Banner (旗、旗印；外来語のため中性名詞)、die Wiener (*die Wiener Wurst* ウィンナーソーセージの意味で使われる場合)

-og :

○der Blog (*das* Blog とも言います。)
○der Dialog
○der Herzog
○der Katalog
○der Monolog
○der Smog
○der Sog
○der Trog

-on : der Marathon, der Thron

-pf : 語尾が*-pf*の名詞は殆どが男性形：der Gugelhupf, der Knopf, der Kopf, der Kropf, der Napf, der Pfropf, der Schopf, der Topf, der Unterschlupf, der Zopf

Schwa- : der Schwabe, der Schwachsinn, der Schwall, der Schwamm, der Schwan, der Schwank, der Schwanz (例外：*die Schwalbe* ツバメ；鳥で、語尾に *-e* が付くため)

-tel：上述 *-el* の項を参照。

-u：語尾がアクセントのない *-u* で終わる名詞。

○der Akku (バッテリー；*der Akkumulator* の略語)
○der Bau
○der Guru
○der Klau
○der Pneu (タイヤ；*der Reifen* と同じ男性名詞のカテゴリー)
○der Stau
○der Tofu
○der Uhu (ワシミミズク；大きい鳥は一般的に男性名詞)

語尾がアクセントのある *-u* で終わる名詞は男性名詞ではありません。以下の名詞は全て外来語なので中性名詞です。

○das Adieu
○das Plateau
○das Tabu
○das Tiramisu

-uch： *-uch* で終わる名詞は男性名詞か中性名詞です。

○der Abbruch
○der Besuch
○der Bruch
○der Einbruch
○der Einspruch
○der Eunuch
○der Fluch
○der Geruch/der Ruch
○der Spruch
○der Umbruch
○der Unterbruch
○der Versuch
○der Zuspruch

中性名詞の例：

○das Buch
○das Gesuch (請願書、申請書； 書類は中性形が殆どです。例：*das Blatt, das Buch das Schreiben, das Dokument, das Papier, das Wort*)
○das Tuch

-ug： der Flug, der Abflug, der Ausflug, der Zug, der Anzug, der Einzug, der Umzug, der Unfug

-und： der Bund, der Fund, der Grund, der Hund, der Mund, der Schlund, der Schund, der Schwund

例外：中性名詞；das Pfund

-us：

○der Abakus
○der Airbus
○der Bonus
○der Bus
○der Campus
○der Diskus
○der Exodus
○der Fiskus
○der Fokus
○der Kaktus
○der Malus
○der Modus
○der Nexus
○der Radius
○der Status
○der Tetanus
○der Typhus
○der Typus
○der Zirkus
○der Zyklus

中性名詞の例外：

○das Genus (文法用語は中性形)
○das Haus
○das Minus
○das Plus

○das Opus
○das Virus (ウイルス；科学・技術分野では *das Virus* が多く使われますが、日常会話においては時々 *der Virus* とも言います。)

女性名詞の例外：

○die Maus (ネズミ；小動物で語尾が *-er* ではない名詞は女性形の傾向があります。コンピューターのマウスも女性形)
○die Venus (古代ローマの女神ビーナスも惑星の金星も女性形)

その他：

音は、また単語の長さにも関係しています。一音節の名詞は圧倒的に男性名詞であることが研究から分かっています。中性名詞と女性名詞がそれに続きます。[41]

一音節の男性名詞（語頭と語尾の子音の数に着目）：

○der Arm
○der Darm
○der Gott
○der Spott
○der Schrott
○der Fuß
○der Fluss
○der Guss
○der Kuss

○der Schluss
○der Schuss
○der Schein
○der Stein
○der Wein
○der Brei
○der Schrei
○der Klatsch
○der Tratsch
○der Druck
○der Ruck
○der Schluck
○der Schmuck
○der Schwanz
○der Kranz
○der Zins
○der Mix
○der Tee
○der Chip
○der Clip
○der Trip

語頭が *Kn-* で一音節の名詞は男性名詞であることが多い。特に語尾が子音の場合に男性名詞になります：

○der Knack
○der Knast
○der Knall
○der Knauf
○der Knecht
○der Knick

○der Kniff
○der Knopf

(例外： das Knie)

語尾が *-t* で終わる一音節の名詞は男性名詞の傾向があります：

・**der Staat：** この複合名詞はたくさんあります：

○der Agrarstaat
○der Bundesstaat
○der Dienstleistungsstaat
○der Einheitsstaat
○der Feudalstaat
○der Golfstaat
○der Industriestaat
○der Inselstaat
○der Kirchenstaat
○der Kleinstaat
○der Küstenstaat
○der Mitgliedsstaat
○der Nachbarstaat
○der Nationalstaat
○der Ölstaat
○der Oststaat
○der Polizeistaat
○der Rechtsstaat
○der Satellitenstaat
○der Schurkenstaat
○der Sozialstaat

○der Stadtstaat
○der Vasallenstaat
○der Wohlfahrtsstaat

・**der Markt :** よく使われる複合名詞：

○der Aktienmarkt
○der Agrarmarkt
○der Binnenmarkt
○der Devisenmarkt
○der Kreditmarkt

・**der Saft :** 思いつく限りのジュースの種類：der Apfelsaft, der Fruchtsaft, der Hustensaft, der Orangensaft, der Tomatensaft, der Traubensaft, der Zitronensaft

・**der Wert :** 膨大な数の複合名詞。特に測定に使用される技術用語：

○der Anfangswert
○der Anlagewert
○der Anpassungswert
○der Bauwert
○der Bodenwert
○der Bruttowert
○der Buchungswert
○der Buchwert
○der Defaultwert
○der Depotwert

○ der Dezimalwert
○ der Durchschnittswert
○ der Emissionswert
○ der Endwert
○ der Erfahrungswert
○ der Ertragswert
○ der Extremwert
○ der Gegenwert
○ der Geldwert
○ der Gesamtwert
○ der Grenzwert
○ der Grundwert
○ der Handelswert
○ der Höchstwert
○ der Indexwert
○ der Kalorienwert
○ der Kapitalwert
○ der Kaufwert
○ der Kennwert
○ der Kurswert
○ der Marktwert
○ der Maximalwert
○ der Mehrwert
○ der Mietwert
○ der Mindestwert
○ der Mittelwert
○ der Nettowert
○ der Nominalwert
○ der Realwert
○ der Restwert
○ der Seltenheitswert

○der Sollwert
○der Standardwert
○der Toleranzwert
○der Umrechnungswert
○der Wiederverkaufswert

- **der Test** （複合名詞が多い。例えば、der Abgastest, der Backtest, der Dopingtest）

- **der Draht**（ワイヤー; *der Stacheldraht* などの複合名詞)

- **der Bart, der Start, der Wart** (何かに責任がある人。*der Abwart* は派生語) しかし *die* Gegenwart は *die Jetztzeit* や *die Präsenz* と同義語なので女性名詞。

- **der Hut** (der Filzhut, der Fingerhut, der Panamahut, der Strohhut)

- **語尾が *-d* の一音節の名詞は男性名詞の傾向があります:** der Brand, der Bund, der Feind, der Fjord, der Fund, der Held, der Herd, der Fond, der Grad, der Hund, der Mond, der Mund, der Neid, der Pfad, der Rand, der Sand, der Stand, der Sold, der Tod, der Trend, der Wind

中性形と女性形の例外は殆どの場合、規則 1 （カテゴリー）で説明できます：

○語尾が *-d* の一音節の中性名詞：das Bad, das Bild, das Feld, das Glied, das Gold (金属は中性形), das Hemd, das Jod (化学物質は中性形), das Kind, das Kleid, das Land, das Leid, das Lied, das Pferd, das Rad, das Rind, das Pfund (重量の単位は中性形), das Wild

○その他の一音節の中性名詞：das Bein, das Blut, das Buch, das Feld, das Floß, das Gut (das Kulturgut と同様), das Haar, das Heim, das Herz, das Ja, das Nein, das Jein, das Kinn, das Knie, das Ohr, das Ross, das Schloss, das Sein, das Tuch, das Zelt

○語尾が *-d* の一音節の女性名詞：die Hand, die Jagd (狩猟に関連する名詞は女性形；まえがきで既述), die Magd, die Wand (平な形状は女性形が多い)

○その他の一音節の女性名詞：die Kur, die Uhr, die Nuss

・**動詞から派生した名詞で語尾に *-en* がない名詞は男性名詞になる傾向があります：**

○fallen → der Fall

○fangen → der Fang
○fluchen → der Fluch
○gehen → der Gang
○hängen → der Hang
○klingen → der Klang
○küssen → der Kuss
○sprechen → der Spruch
○zwingen → der Zwang
○時々、中性名詞：spielen → das Spiel; zelten → das Zelt: まれに女性名詞：fliehen → die Flucht; wählen → die Wahl

-x：

男性名詞：der Index, der Aktienindex, der DAX, der Bordeaux, der Komplex, der Kodex, der Reflex, der Sex

女性名詞：die Box (英語由来なので普通は中性形ですが、die Büchse と同じカテゴリーであるため女性形), die Mailbox, die Crux, die Matrix

中性名詞：das Paradox (ギリシャ語源なので中性名詞), das Präfix, das Suffix (文法用語は中性名詞)

Die：女性名詞の規則

規則 1：カテゴリー

数と数学：die Nummer (番号), die Ziffer (数字), die Zahl (数), die Null (ゼロ), die Eins (1), die Drei (3), die Algebra (代数), die Mathematik (数学), die Geometrie (幾何学), die Rechnung (計算、請求書), die Steuer (税)

時、特に短い時間：die Zeit (時、時間), die Uhr (時計、時), die Stunde (時間), die Minute (分), die Sekunde (秒)

長い時間は中性名詞：das Jahr (年), das Jahrzehnt (十年), das Jahrhundert (世紀) , das Jahrtausend (千年、ミレニアム)

長い時間と短い時間の中間は男性名詞：der Tag (日), der Monat (月)

例外として接尾語が *-e* で終わる場合は女性名詞：die Woche (週), die Dekade (十年), die Epoche (時代)

権威、権力、管理：die Autorität (権威), die Befugnis (権能), die Behörde (官庁), die Belastbarkeit (耐久性), die Energie (エネルギー), die Festigkeit (硬さ), die Gewalt (暴力), die Herrschaft (支配), die Kontrolle (制御), die Kraft (力), die Leistung (業績), die Macht (権力), die Mächtigkeit (権勢), die Potenz (ポテンツ), die Power (パワー), die Regierung (政府), die Stärke (強さ), die Steuer (税、ハンドル), die Steuerung (操縦), die Vollmacht (委任), die Wucht (重圧), die Zahlung (支払)

規則、許可、制限：die Begrenzung (限度), die Beschränkung (制限), die Erlaubnis (許可), die Frist (期限), die Grenze (境界), die Justiz (司法), die Limitierung (制約), die Regel (規則), die Regelung (規定)

知識、知恵：知恵はギリシャ語とラテン語では女性名詞であり、英語の聖書にも"Yet wisdom is justified by *her* deeds."（マタイ福音書 11 章 19 節）と、女性扱いになっています。ドイツ語でも知識、知恵に関連する名詞が女性形であることは、驚くことではないでしょう：
die Art (方法), die Besonnenheit (思慮), die Bildung (教育), die Einsicht (洞察), die Gerechtigkeit (正義), die Intelligenz (知能), die Justiz (司法), die Kunst (芸術), die Kenntnis (知識), die Klugheit (知恵), die Methode (方法), die Methodik (方法論), die Philosophie (哲学), die Ratio (理性), die Sorgfalt (慎重), die Technik (技術), die Technologie (テクノロジー), die Umsicht (思慮), die

Vorausschau (予測), die Voraussicht (予見), die Vorsicht (用心), die Weise (方法), die Weisheit (賢明), die Weitsicht (先見)

コミュニケーション：die Antwort (答え),[42] die Besprechung (打ち合わせ), die Darstellung (描写), die Dichtung (詩文), die Entgegnung (回答), die Erwiderung (返答), die Fabel (寓話), die Floskel (常套句), die Frage (質問), die Kommunikation (コミュニケーション), die Kritik (批判), die Literatur (文学), die Metapher (比喩), die Moderation (司会、調整), die Präsentation (プレゼンテーション), die Prosa (散文) , die Rede (演説), die Replik (答弁), die Rezension (批評), die Sprache (言語), die Sprachform (言語形態), die Übertragung (中継), die Vorführung (実演), die Vorstellung (紹介), die Wiedergabe (再現)
例外： 規則２の「 語頭に *Ge-* がつく名詞は中性名詞」という理由から das Gespräch (会話), das Gerede (無駄話)。また「語尾が *-og* で終わる名詞は男性名詞である」という理由から der Dialog (対話) 。

楽器：die Musik (音楽), die Flöte (フルート), die Geige (バイオリン), die Gitarre (ギター), die Glocke (鐘), die Harfe (ハープ), die Konzertina (コンサーティーナ), die Mandoline (マンドリン), die Mundharmonika (ハーモニカ), die Oboe (オーボエ), die Orgel (オルガン), die

Violine (バイオリン), die Trompete (トランペット) (例外については参考文献・注釈 43 を参照。)

形と形状：[44] die Form (形), die Figur (姿), die Gestalt (形状), die Gestaltung (造形), die Silhouette (シルエット)

・平な形状：

○die Ablage (ファイル、保管所)
○die Bildfläche (スクリーン、画面)
○die Bohle (厚板)
○die Bramme (スラブ、平板)
○die Decke (天井)
○die Ebene (平面、平野、レベル)
○die Fläche (平地、平面、面積)
○die Flanke (側面、横腹)
○die Fliese (スラブ、タイル、瓦)
○die Kulisse (舞台背景、書割り)
○die Platte (タイル、プレート)
○die Schale (鉢、深皿、果皮)
○die Scheibe (スライス、一切れ)
○die Schublade (引出し)
○die Tafel (黒板、板、食卓)
○die Theke (カウンター、バーのカウンター)
○die Tischplatte (机の天板)
○die Tragfläche (主翼、翼面)
○die Tür (戸、ドア)

○die Seite (面、側面)
○die Wand (壁、側面)

・**先が尖った形状：**

○die Brosche (ブローチ、ピン)
○die Forke (鍬、干し草用フォーク)
○die Gabel (フォーク)
○die Klinge, die Schneide (ブレード、刃先)
○die Lanze (槍)
○die Nadel (針)
○die Schraube (ねじ)
○die Spitze (先、先端)
○die Spritze (注射器)
○die Zinke (先端、くしの歯)

・**ハサミ状のもの：**

○die Klaue (爪、昆虫の爪、鉤爪)
○die Kralle (猛禽類の爪)
○die Pratze (かぎ爪、猛獣の前足)
○die Schere (はさみ)
○die Zange (ペンチ、トング、鉗子)

・**空洞状のもの：**

○die Box (箱)
○die Dose (缶、缶詰)

○die Büchse (小容器、缶)
○die Flasche (瓶)
○die Grotte (洞窟、岩屋)
○die Höhle (洞窟)
○die Hülle (殻、外被、覆い)
○die Kiste (木箱、箱型容器)
○die Röhre (管)
○die Schachtel (箱)
○die Schlucht (渓谷、峡間)
○die Schüssel (料理鉢、ボウル)
○die Trommel (ドラム、太鼓、シリンダー)
○die Tube (チューブ)

中央ヨーロッパの殆どの河川：die Aare (アーレ川), die Donau (ドナウ川), die Elbe (エルベ川), die Limmat (リマト川), die Mosel (モーゼル川), die Oder (オーデル川), die Reuss (ロイス川), die Rhone (ローヌ川), die Weser (ヴェーザー川)　ヨーロッパ以外の河川で語尾に *-a* か *-e* が付く河川も女性形。

例外：中央ヨーロッパの der Rhein (ライン川)と der Main (マイン川)は男性形。

狩猟：古代ギリシャと古代ローマでは、狩猟の女神アルテミスとダイアナは両方とも女性 (まえがきを参照)；die Flucht (逃亡), die Hetze (狩り立て), die Jagd (狩猟), die Suche (探索), die Verfolgung (追跡), die Wildnis (原野)

食物と栄養：die Kost (食物), die Nahrung (食料), die Speise (料理)；食物はメスの哺乳動物によって提供されました; die Milch (牛乳), die Muttermilch (母乳)

ジェスチャー、身振り：die Attitüde (態度), die Bewegung (動き), die Gebärde (所作), die Geste (身振り), die Gestik (ジェスチャー), die Haltung (態度), die Körperhaltung (姿勢), die Körpersprache (ボディーランゲージ), die Pose (ポーズ), die Positur (身構え), die Stellung (ポジション)

航海信号、海軍、セーリング：die Bake (航路標識), die Boje (ブイ), die Flotte (船隊), die Handelsmarine (商船), die Kriegsmarine (海軍), die Marine (海兵隊、海軍), die Navy (海軍、ネイビー), die Tonne (浮標), die Jacht/die Yacht (ヨット)

温度：die Temperatur (温度)

○熱と暑い場所：die Glut (灼熱), die Heizung (暖房), die Hitze (熱), die Hölle (地獄), die Sahara (サハラ砂漠), die Sonne (太陽), die Wärme (温もり), die Wärmesenke (ヒートシンク), die Wüste (砂漠)
○寒さと寒い場所：die Antarktis (南極圏), die Arktis (北極圏), die Erkältung (風邪), die

Frostigkeit (寒冷、寒気), die Kälte (寒さ), die Kühle (冷気)

モーターバイクのブランド：die BMW (車は含まれず、モーターバイクだけ), die Yamaha

飛行機の機種：die Boeing 787 (ボーイング 787), die Challenger (チャレンジャー), die Tupolew (ツポレフ); しかし der Airbus (エアバス)は der Bus のため男性形。

船名：例えその名前自体が男性名詞であっても船名の場合は女性名詞になります：die Bismarck (ビスマルク号), die Titanic (タイタニック号)。しかし船そのものは中性形のカテゴリー：das Schiff (船), das Boot (ボート)

語尾が *-e* で終わる動物： die Giraffe (キリン), die Schildkröte (カメ)。しかし全てではないので注意。
語尾が *-in* で終わる動物 (die Löwin 雌ライオン)、乳を提供する家畜（die Kuh 雌牛, die Geiß 雌ヤギ, die Ziege 雌ヤギ)、卵を産む家禽 (die Gans ガチョウ, die Henne 雌鶏, die Wachtel ウズラ)、語尾に *-er* がつかない小動物 (例：die Maus ネズミ)

数種類の鳥、特に小鳥は女性名詞：die Amsel (クロウタドリ), die Drossel (ツグミ), die Ente (カモ), die Elster (カササギ；語尾が *-er* の女性名詞の稀な例。かつては語

尾が *-a* でした。), die Eule (フクロウ), die Gans (ガチョウ), die Krähe (カラス), die Möwe (カモメ), die Taube (ハト), Nachtigall (ナイチンゲール), die Schwalbe (ツバメ), die Wachtel (ウズラ)

例外：語尾が母音で終わり、女性名詞と思われがちな男性名詞；der Falke (タカ), der Papagei (オウム)

多くの虫・昆虫、特に語尾が *-e* で終わる虫・昆虫：
die Ameise (アリ), die Biene (ハチ), die Fliege (ハエ), die Grille (コオロギ), die Libelle (トンボ), die Mücke (蚊), die Spinne (クモ), die Wespe (スズメバチ), die Zecke (ダニ), die Zikade (セミ)
語尾が男性形を表す典型的男性名詞の虫・昆虫の大きなグループがあります。例：der Falter (チョウ・ガ), der Käfer (カブトムシ)

多くの樹木：die Buche (ブナ), die Eiche (オーク), die Birke (シラカバ), die Kiefer (マツ), die Palme (ヤシ類), die Pappel (ポプラ), die Tanne (モミ)
例外：der Ahorn (カエデ), der Wacholder (ジュニパー)

花、特に語尾が -e で終わる花：die Chrysantheme (キク), die Mimose (ミモザ), die Nelke (カーネーション), die Rose (バラ), die Tulpe (チューリップ)

例外：特に縮小辞の語尾の*-chen*がついている中性形の花の名前：das Stiefmütterchen (パンジー), das Veilchen (スミレ)

果物：die Ananas (パイナップル), die Apfelsine (オレンジ), die Aprikose (アンズ), die Banane (バナナ), die Birne (洋ナシ), die Dattel (デーツ), die Erdbeere (イチゴ), die Feige (イチジク), die Grapefruit (グレープフルーツ), die Guave (グアバ), die Kirsche (サクランボ), die Kiwi (キウイ), die Kokosnuss (ココナッツ), die Kumquat (キンカン), die Litschi (ライチ), die Mandel (アーモンド), die Mango (マンゴ), die Melone (メロン), die Nuss (ナッツ), die Orange (オレンジ), die Pflaume (プラム), die Quitte (マルメロ), die Zitrone (レモン)

例外：der Apfel (リンゴ), der Granatapfel (ザクロ), der Pfirsich (モモ)；この名詞は規則2の音に従います。語尾が *-el*で終わる名詞の大部分が男性形です。また der Pfirsich のように語頭と語尾に複数の子音があります。

練り歯磨きと練り歯磨きのブランド：die Zahnpasta (練り歯磨き), die Colgate (コルゲート)

活字書体：die Gotik (ゴシック体), die Mincho (明朝体)

ソフトウェア：die Software (ソフトウェア；*die Programmausstattung* と同義語), die Malware (マルウェ

ア), die Ransomware (ランサムウェア；*die Erpressersoftware と同じ*), die Applikation (略語は *die App*。また App は *das Programm* の同義語としても使用されていますので、中性形の *das App* も使用されています。)

人間の女性と女性の役割：die Frau (女), die Mutter (母), die Tochter (娘), die Schwester (姉妹)

例外：das Mädchen (少女；規則２：縮小辞 は中性形に従う。)

語尾に *-in* をつけて女性であることを明確にする：例；die Ärztin (女医), die Kaiserin (女帝), die Königin (女王), die Lehrerin (女教師), die Studentin (女子学生)

規則２：音

ギリシャ語やラテン語と同様、ドイツ語も語尾が *-a* と *-e* の名詞の大部分は女性名詞です。

-a：語尾が *-a* の名詞は殆どが女性名詞です。特に語源がギリシャ語かラテン語の場合は女性名詞です。

die Ära, die Agenda, die Algebra, die Angina, die Aorta, die Arena, die Aula, die Diva, die Fauna, die Flora, die Gala, die Kamera, die Lava, die Lira, die Mama, die Malaria, die Pasta, die Paella, die Peseta, die Pizza, die Quinoa, die Sauna, die Siesta, die Villa, die Viola

例外：語源がギリシャ語でも語尾が *-ma* の名詞は中性形です。

○das Aroma
○das Asthma
○das Charisma
○das Dilemma
○das Dogma
○das Drama
○das Klima
○das Komma
○das Magma
○das Plasma
○das Schema
○das Schisma
○das Sperma
○das Thema
○das Trauma

-acht： die Acht, die Fracht, die Jacht/die Yacht, die Macht, die Pracht, die Pacht, die Tracht, die

Eintracht, die Zwietracht, die Wacht ; しかし der Verdacht

-ade : die Akkolade, die Arkade, die Ballade, die Barrikade, die Blockade, die Brigade, die Dekade, die Eskapade, die Fassade, die Gnade, die Gerade, die Kaskade, die Lade, die Limonade, die Marinade, die Marmelade, die Olympiade, die Parade, die Passage, die Schokolade, die Promenade, die Roulade, die Serenade, die Tirade

-age : die Blamage, die Etage, die Garage, die Montage, die Persiflage, die Spionage

-anz : die Bausubstanz, die Bilanz, die Brillanz, die Diskrepanz, die Dominanz, die Eleganz, die Instanz, die Toleranz ; しかし一音節である *der Kranz* は男性名詞。

-art : *die Art* から派生した名詞：die Eigenart, die Gangart, die Sportart, die Tonart

-e : 語尾が *-e* の名詞の 90％は女性名詞です。[45] 男性を意味する名詞（例：der Junge）と語頭がアクセントのない *Ge-* の名詞（例：der Gedanke）を除く名詞は女性形です。その他の例外については、後述の例外の項を参照。派生語で語尾が *-e* の名詞は常に女性名詞：reden → die Rede, flach → die Fläche 。ここで注目するべきことは、語尾に*-e*をつけて発音することで短い名詞でも二音節以上になります。これによって一音節の名詞は女性形が少ないことが分かります。また、一音節の名詞は男性形が多いことが統計上でも分かっています。

語尾が *-e* の女性名詞の例：
die Adresse, die Ameise, die Analyse, die Banane, die Beute, die Biene, die Bitte, die Blume, die Bremse, die Brücke, die Decke, die Diagnose, die Ebbe, die Ecke, die Ehe, die Erde, die Fahne, die Falle, die Farbe, die Flagge, die Fliege, die Flöte, die Frage, die Freude, die Gasse, die Giraffe, die Gitarre, die Grenze, die Hose, die Jacke, die Kanne, die Kante, die Kappe, die Karte, die Kirsche, die Klasse, die Kleie, die Krabbe, die Kreide, die Krise, die Krücke, die Lampe, die Liebe, die Lippe, die Liste, die Lücke, die Lüge, die Lunge, die Masse, die Matte, die Melone, die Messe, die Minute, die Motte, die Narbe, die Nase, die Nonne, die Oase, die Oboe, die Pause, die Pfanne, die Pflanze, die Pflaume, die Presse, die Rasse, die Ratte, die Reise, die Rolle, die Sache, die Schlange, die Schnecke, die Schokolade, die Schule, die Seele, die Seite, die Sekunde, die Socke, die Sonne, die Sorge, die Spange, die Speise, die Spinne, die Sprache, die Straße, die Strecke, die Stunde, die Suche, die

Summe, die Suppe, die Taille, die Tanne, die Tasse, die Toilette, die Tomate, die Tonne, die Treue, die Trompete, die Vase, die Violine, die Waffe, die Wange, die Wespe, die Wiese, die Wonne, die Zange, die Zecke, die Zelle, die Zinswende, die Zunge

例外：語尾が *-e* の名詞の 10% 弱が男性名詞です。[46] 統計的にも、語尾に *-e* がつく男性名詞は典型的な男性名詞ではなく、「男性弱変化名詞」または「N-Deklination 」(N-変化)と言われています。２格 、３格 、４格の単数には “n”を加えます。

語尾に*-e*がつく男性名詞の例：

○der Buchstabe
○der Friede
○der Funke
○der Gedanke
○der Junge
○der Name
○der Same
○der Wille

国籍で語尾に*-e*がつく男性名詞：
der Afghane, der Baske, der Brite, der Bulgare, der Chinese, der Däne, der Franzose, der Grieche, der Ire, der Kroate, der Kurde, der Mongole, der Pole, der Russe, der Schotte, der Türke

語尾に -*e* がついても、人間の男性や男性の役割を示す名詞は男性名詞：

○der Angsthase
○der Bote
○der Bube
○der Bursche
○der Erbe (相続人；遺産の意味のときは das Erbe)
○der Experte
○der Gefährte
○der Heide
○der Insasse
○der Junge
○der Junggeselle
○der Knabe
○der Kollege
○der Kommilitone
○der Komplize
○der Kunde
○der Laie
○der Neffe
○der Riese
○der Sklave
○der Zeuge

語尾に -*e* がつく男性名詞の動物：

○der Affe
○der Bulle
○der Drache
○der Hase

○der Falke
○der Löwe
○der Ochse
○der Rabe
○der Schimpanse
○der Welpe (仔犬 - 例外的に男性名詞。動物の子どもは、普通は中性名詞。)

語尾に *-e* が付く男性名詞の職業： der Biologe, der Gynäkologe, der Pädagoge, der Soziologe, der Stratege, etc.

語尾が *-e* の男性名詞で日常よく使われる名詞に *der Käse* があります。これはラテン語の男性名詞 *caseus* が語源だからです。ソフトチーズの der Quark はその前にすでに存在していました。

語尾に *-e* が付く中性名詞は 1% 以下です。[47]

○das Auge (目)
○das Erbe (遺産；相続人の場合は der Erbe)
○das Interesse (関心、興味; ラテン語由来で中性名詞)
○das Karate (空手；スポーツは大部分が中性名詞)
○das Konklave (コンクラーベ；ラテン語由来で、「鍵のかかった」の意味。また *das Gemach* や部屋、住居と同じカテゴリーのため中性名詞)
○das Genre (ジャンル；フランス語由来)
○das Prozedere (手順；イタリア語由来)
○das Finale (フィナーレ；イタリア語由来)

○das Ende (終わり)
○das Image (イメージ；フランス語由来)
○das Prestige (プレステージ；フランス語由来)
○das Regime (政権、体制；フランス語由来)

語尾が *-e* で語頭が *Ge-* で始まる中性名詞：

○das Gebäude
○das Gebirge
○das Gefrage
○das Gemälde

形容詞から派生した中性名詞：das Böse, das Gute, etc.

-ee：

○die Allee (並木道、街路; die Straße の同義語)
○die Armee (軍隊；*die Wehrmacht, die Wehr, die Bundeswehr, die Abwehr* と同義語、*die Feuerwehr* は派生語)
○die Fee
○die Idee
○die Matinee
○die Moschee
○die Odyssee
○die Orchidee
○die Soiree
○die Tournee

重要な名詞 die See は海を意味し、内陸河川の湖は der Damm, der Fluss, der Kanal と同様に男性形の der See

です。ドイツ語の海を表す単語は複数あり、異なる性を持っています：*die See* (海), *das Meer, der Ozean* (大陸間の大きな海）。海は規則１のカテゴリー（同種のものは同じ性である）の枠を超えるほど巨大な存在といえるでしょう。

中性名詞の例外。普通は外来語：

○das Exposee/Exposé
○das Frisbee
○das Kanapee/Canapé
○das Klischee
○das Komitee
○das Kommunikee/Kommuniqué
○das Negligee/Negligé
○das Püree
○das Renommee
○das Resümee
○das Soufflee/Soufflé

-ei / -erei：他の名詞か動詞に*-erei*を加えて出来た名詞は常に女性形です：

○die Angeberei
○dic Bäckcrei
○die Betrügerei
○die Bildhauerei
○die Brauerei
○die Bücherei
○die Druckerei

○ die Faulenzerei
○ die Fischerei
○ die Fleischerei
○ die Försterei
○ die Freimaurerei
○ die Gaunerei
○ die Geheimtuerei
○ die Gerberei
○ die Gießerei
○ die Gleichmacherei
○ die Heucherei
○ die Hexerei
○ die Imkerei
○ die Jägerei
○ die Käserei
○ die Ketzerei
○ die Kletterei
○ die Lautmalerei
○ die Liebhaberei
○ die Lügerei
○ die Malerei
○ die Massenschlägerei
○ die Metzgerei
○ die Meuterei
○ die Molkerei
○ die Rechthaberei
○ die Sauerei
○ die Schlemmerei
○ die Schreinerei
○ die Schweinerei
○ die Seeräuberei

○die Sklaverei
○die Völlerei
○die Wahrsagerei
○die Weberei
○die Wichtigtuerei
○die Zauberei
○die Zuträgerei

語尾が *-erei* ではなく *-ei* が付く女性名詞：die Abtei, die Anwaltskanzlei, die Arznei, die Bastelei, die Bettelei, die Bummelei, die Bundeskriminalpolizei, die Bundespartei, die Detektei, die Kanzlei, die Partei, die Polizei

中性名詞の例外：das Ei, das Geschrei (接頭辞が *Ge-* のため)

男性名詞の例外：der Papagei (大きい鳥は通常男性名詞)、der Schrei (一音節の単語。der Ruf, der Hilferuf と同義語)

-enz： die Intelligenz, die Existenz, die Frequenz, die Konsequenz, die Tendenz

-falt： die Sorgfalt, die Vielfalt

-grafie / graphie： die Biografie, die Orthografie

-heit : die Dummheit, die Freiheit, die Gesundheit, die Sicherheit, die Wahrheit ;しかし *das Fahrenheit* は温度単位のため中性名詞 [48]

-icht : 女性名詞 die *Sicht* から派生した一連の女性名詞。"知恵と知識" のカテゴリーが女性形であることとも一致します。

○die Sicht
○die Absicht
○die Ansicht
○die Aufsicht
○die Aussicht
○die Einsicht
○die Hinsicht
○die Nachsicht
○die Übersicht
○die Umsicht
○die Vorsicht

この他に語尾に *-icht* がつく女性名詞には *die Gicht, die Nachricht, die Pflicht, die Schicht* も含まれます。

語頭が *Ge-* で始まり語尾が *-icht* の中性名詞 :

○das Gedicht
○das Gericht
○das Gesicht
○das Gewicht

その他の語尾が *-icht* の中性名詞に *das Licht* があります。そして *das Zwielicht* のように *das Licht* には多くの派生語があります。

語尾が *-icht* の男性名詞の例：

○der Bericht (レポート; der Unterricht と関連する単語で男性的な行為)
○der Bösewicht (悪漢；人間と同じカテゴリー)
○der Habicht (鷹；猛禽類)
○der Verzicht (断念、放棄；男性的な行為)
○der Wicht (小人；人間と同じカテゴリー)

-ie：語尾が *-ie* の名詞の 95％が女性名詞です[49]：
die Biologie, die Demokratie, die Diplomatie, die Familie, die Magie, die Melodie, die Monotonie, die Philosophie, die Psychologie, die Studie

例外：語尾が *-ie* で人間と関係がある男性名詞；der Hippie, der Junkie

例外：語尾が *-ie* の中性名詞は無生物か語頭に *Ge-* がつきます；das Knie, das Genie, das Selfie

-ik：die Ethik, die Gotik, die Klassik, die Kritik, die Logik, die Mechanik, die Musik, die Physik, die Politik, die Romantik, die Symbolik

例外：*das Bild* と同じカテゴリーの中性名詞；*das Mosaik*

-in： die Doktrin (ドクトリン)；その他 *-in* を加えて女性形にした職業や役割　例：die Ärztin, die Studentin, die Doktorin

例外：語尾が *-in* の男性名詞：

- ○der Cousin (従兄弟；*der Vetter* と同じ)
- ○der Delphin (イルカ；海に生息する大型哺乳動物は一般的に男性名詞)
- ○der Harlekin (道化師、アルルカン)
- ○der Kamin (暖炉、煙突；*der Schornstein* と同じ)
- ○der Rosmarin (ローズマリー；薬味は男性形)
- ○der Termin (予定、期限；*der Grenzstein* のラテン語が由来。*der Zeitpunkt* の意味もある。)
- ○der Urin (尿; 廃棄物は一般的に男性名詞。尿という元来の単語 *der Harn* も男性形。)

例外：語尾 が *-in* の中性名詞は殆どが化学物質：

- ○das Adrenalin
- ○das Benzin
- ○das Cholesterin
- ○das Hämoglobin
- ○das Heroin
- ○das Insulin
- ○das Toxin

-itis / -tis：医学用語；die Appendizitis, die Arthritis, die Gastroenteritis, die Konjunktivitis, die Meningitis, die Parodontitis, die Sinusitis.
この語尾を持つ二つの大陸も女性形；die Arktis, die Antarktis

-keit：die Möglichkeit, die Schnelligkeit, die Schwierigkeit, die Unzulänglichkeit

-logie：die Biologie, die Meteorologie

-t：動詞から派生して語尾に *-t* がつく名詞：

○die Arbeit (arbeiten)
○die Ankunft (ankommen)
○die Fahrt (fahren)
○die Geburt (gebären)
○die Haft (haften)
○die Schrift (schreiben)
○die Sicht (sehen)
○die Tat (tun)

一音節の名詞で語尾に *-t* がつく女性名詞：

○die Faust (握りこぶし；*die Hand* と同じカテゴリー)
○die Flut (洪水；*die Strömung, die Wassermasse, die Überschwemmung, die Ebbe* と同じカテゴリー)

○die Frist (期間、期日；時と期限に関する多くの名詞が女性形)
○die Front (前線；*die Vorderseite, die Gefechtslinie* と同じカテゴリー)
○die Haft (拘留；*die Gefangenschaft, die Fesselung, Beschlagnahme, die Gefangennahme* と同じカテゴリー)
○die Haut (皮膚；*die Schale, die Umhüllung* と同じカテゴリー)
○die Not (窮地；*die Schwierigkeit, die Bedrängnis* と同じカテゴリー)
○die Pest (ペスト；*die Pestilenz* が由来、*die Epidemie, die Plage, die Seuche, die Qual* と同じカテゴリー)
○die Welt (世界；*die Erde, die Erdkugel* と同じカテゴリー)
○die Wut (激怒；*die Raserei, die Erregung* と同じカテゴリー)

中性名詞の例外：das Blut (血), das Fett (脂肪; 語尾が *-ett* の名詞は一般的に中性名詞), das Nest (巣; *das Heim, das Bett* と同じカテゴリー)

男性名詞の例外：der Geist (精神、霊; 三位一体の三位格は男性名詞：der Vater, der Sohn, der Heilige Geist), der Rest, der Test

-ft：語尾に *-ft* が付く名詞は大部分が女性名詞：die Haft, die Kraft, die Luft, die Vernunft; 語頭が *G-* で始まる名

詞は中性名詞の傾向がありますから、das Gift が例外なのは、驚くに値しないでしょう。

-cht： 語尾に *-cht* が付く名詞の 64%は女性名詞：[50]

○die Acht (数は女性形)
○die Bucht
○die Eintracht
○die Fracht
○die Macht
○die Nacht (夜、夜間；*die Dunkelheit, die Finsternis, die Düsterkeit* と同じカテゴリー)
○die Pracht
○die Pflicht
○die Sicht
○die Absicht
○die Sucht
○die Drogensucht
○die Eifersucht
○die Fettsucht
○die Gefallsucht
○die Gelbsucht
○die Gewinnsucht
○die Habsucht
○die Ichsucht
○die Selbstsucht
○die Magersucht
○die Sehnsucht
○die Spielsucht
○die Streitsucht
○die Tobsucht

○die Trunksucht
○die Wassersucht

語尾に *-cht* が付く名詞の 22%が主に人間に関する男性名詞：der Wicht (小人), der Bösewicht (悪人)

語尾に *-cht* が付く名詞の 15%が中性名詞、特に無生物か語頭に *Ge-* が付く名詞：das Gesicht

-orm： die Form (派生語：die Anredeform, die Plattform, die Reform, die Staatsform, die Uniform), die Norm

-tät： die Aktivität, die Elektrizität, die Identität, die Integrität, die Kapazität, die Lokalität, die Majestät, die Marktvolatilität, die Nationalität, die Pietät, die Priorität, die Qualität, die Universität

-thek： die Bibliothek, die Diskothek

-tion, -sion, -gion, -xion, -lion, -nion：
die Funktion, die Koalition, die Nation, die Situation, die Diskussion, die Mission, die Religion, die Reflexion, die Million, die Union

-schaft :

○die Botschaft
○die Bruderschaft
○die Eigenschaft
○die Freundschaft
○die Genossenschaft
○die Gesellschaft
○die Hiobsbotschaft
○die Herrschaft
○die Mannschaft
○die Seilschaft
○die Wirtschaft

-sis : die Basis, die Dosis, die Genesis, die Katharsis, die Skepsis

-ung : 語尾が *-ung* で二音節以上の名詞は大部分が女性名詞：

○die Abteilung
○die Bedeutung
○die Bedingung
○die Beobachtung
○die Beratung
○die Bewegung
○die Beziehung
○die Bildung
○die Einführung
○die Endung

○ die Erfahrung
○ die Erfindung
○ die Erklärung
○ die Erzählung
○ die Erziehung
○ die Forschung
○ die Handlung
○ die Landung
○ die Leistung
○ die Leitung
○ die Lösung
○ die Neigung
○ die Öffnung
○ die Ordnung
○ die Prüfung
○ die Regierung
○ die Rettung
○ die Richtung
○ die Sammlung
○ die Sendung
○ die Siedlung
○ die Spannung
○ die Stimmung
○ die Übung
○ die Veränderung
○ die Verbindung
○ die Verfolgung
○ die Verletzung
○ die Vorlesung
○ die Währung
○ die Warnung

○die Werbung
○die Wirkung
○die Wohnung
○die Zeichnung
○die Zeitung

例外：一音節の名詞は語尾に*-ung*がついても殆どが男性名詞。

○der Dung
○der Sprung
○der Schwung

-ur：語尾が*-ur*と*-ür*の名詞の 93% が女性名詞です。[51] 但し -eur は除外します。[52]

○die Agentur
○die Armatur
○die Frisur
○die Glasur
○die Kultur
○die Literatur
○die Natur
○die Reparatur
○die Spur
○die Tastatur
○die Temperatur

例外：5%が男性名詞；der Merkur (水星；*der Mars, der Saturn, der Jupiter, der Neptun, der Pluto* と同じカテゴリー)

例外：約2%が中性名詞；das Abitur (ラテン語 *Abiturium* が語源)

-ür : die Tür, die Willkür ;しかし接頭辞 *Ge-* がつく das Gespür は中性名詞。

Das：中性名詞の規則

規則 1：カテゴリー

包括的なもの、基本要素、無生物の集合概念などは一般的に中性名詞です。まえがきの図 1 を参照：

- das All (万物), das Universum (宇宙): das Universum は中性形です。しかし、それに従属する概念は男性形、女性形、中性形それぞれの名詞があります。
- das Alter (年齢), das Altertum (古代), das Altsein (年を取っていること)
- das Besteck (カトラリー): しかし、der Löffel (スプーン), die Gabel (フォーク), das Messer (ナイフ)
- das Ding (物)
- das Fleisch (肉)
- das Gerät (道具)
- das Gesicht (顔): しかし、der Mund (口), die Nase (鼻), das Ohr (耳)
- das Geflügel (家禽): しかし、der Hahn (雄鶏), die Henne (雌鶏), das Küken (雛)
- das Getränk (飲物): しかし、der Wein (ワイン), der Saft (ジュース)
- das Gewürz (調味料): しかし、der Pfeffer (胡椒), das Salz (塩)

・das Gut (財産) : das Massengut (ばら積み貨物), das Kulturgut (文化財), das Landgut (荘園)
・das Insekt (昆虫)
・das Instrument (器具)
・das Kleid (服): das Abendkleid (夜会服), das Brautkleid (花嫁衣裳)
・das Mahl (食事): das Essen (食べ物)
・das Mehl (粉)
・das Material (材料)
・das Obst (果物)
・das Pferd (馬)
・das Produkt (産物): das Agrarprodukt (農産物), das Industrieprodukt (工業製品)
・das Rind (牛) : しかし、der Bulle (雄牛), die Kuh (雌牛), das Kalb (子牛), das Kälbchen (子牛)
・das Schiff (船), das Boot (ボート)
・das Tier (動物)
・das Wild (野獣)
・das Wort (言葉)
・das Zeug (もの、布、工具): das Werkzeug (道具)

アルファベット文字：das A, das B, das Eszett (ß)

言語は一般的に中性名詞：das Deutsch (ドイツ語), das Englisch (英語), das Japanisch (日本語), das Latein (ラテン語)

文法用語と品詞の多くが中性名詞： das Adjektiv (形容詞), das Attribut (修飾語), das Futur (未来形), das Nomen (名詞), das Perfekt (完了形), das Präfix (接頭辞), das Präteritum (過去形), das Substantiv (名詞), das Suffix (接尾辞), das Verb (動詞), das Wort (単語), das Komma (コンマ)

例外：文法の格は男性名詞。*der Kasus/der Fall* (格)と同じカテゴリー; *der Nominativ* (主格), *der Akkusativ* (対格), *der Dativ* (与格)。また *der Infinitiv* (不定詞), *der Superlativ* (最上級)も男性形です。

動詞の不定詞が名詞になった場合： das Essen (食物), das Laufen (ランニング), das Schreiben (書簡)

形容詞が名詞化した場合： 特定の人間や物を示さない場合：das Böse (悪), das Ganze (全体), das Gleiche (同じこと), das Gute (善), das Neue (新規), das Schöne (美), das Ungeheure (巨大)

色： das Blau (青), das Gelb (黄), das Hellgrün (薄緑), das Dunkelbraun (こげ茶), das Rot (赤), das Lila/das Violett (紫)。色の名前が同時に他の物を指す場合は、別の性の場合があるので注意が必要：例 *das Türkis* ターコイズブルー、*der Türkis* 宝石のトルコ石

大陸、国、地方、都市、谷は多くの場合が中性名詞：
普通、中性名詞の冠詞 “das” は国名や都市名にはつきませんが、文脈により特化するために冠詞をつける場合があります。
例えば “Das heutige Italien hat Wirtschaftsprobleme.”（今日のイタリアは経済問題を抱えている。）

語尾に *-ien*, *-land*, *-reich*, *-stan* がつく国名は常に中性名詞です。例：Italien, Spanien, Deutschland, England, Österreich, Frankreich, Vereinigtes Königreich, Afghanistan, Pakistan

中性形の国名とは違い、男性形か女性形の国名はその冠詞がいつも国名の前に付きます。

女性形の国名：die Schweiz, die Slowakei, die Türkei, die Mongolei, die Ukraine

男性形の国名：der Irak, der Iran, der Jemen, der Senegal, der Sudan, der Südsudan, der Niger, der Vatikan

新しい国の Kosovo は男性形と中性形の両方が使われています。[53]

都市 (*die Stadt*)は女性形ですが、都市名は中性形です。これは上述の国名と同様に、その前に形容詞が付く時にのみ、中性形の冠詞がつきます。例：*das* geteilte Berlin (分割されたベルリン) 。この場合は規則１のカテゴリーが規則２の音より優先します。例えば、*die* Burg (城) は *die Festung* (要塞), *die Stadt* (都市)と同じカテゴリーの女性名詞ですが、“*das* mittelalterliche Hamburg” (中世のハンブルグ)と Hamburg の語尾に -burg が付いていても、中性形になります。

大陸の場合も同様の原則です。*der Erdteil* (大陸)と同義語の *der Kontinent* は男性名詞ですが、大陸の名前は個々に性が異なります。*die Arktis* (北極圏)と *die Antarktis* (南極圏)は女性名詞ですが、*Afrika, Amerika, Asien, Europa, Ozeanien* は中性名詞です。形容詞が付いた場合には “*das* ferne Asien” (遠いアジア) や “*das* alte Europa” (古いヨーロッパ) 等となります。そして女性名詞の大陸名だけは “Wir besuchen *die* Arktis. ” 「我々は北極を訪れる。」のように常に冠詞を必要とします。

同様の原則は島にも適用されます。島は女性名詞 *die Insel* ですが、島の固有の名前は性が異なります。特に島の名前が同時に国名の場合は一般的に中性名詞になります：*das* schöne Mauritius (美しいモーリシャス), *das* kommunistische Kuba (共産主義のキューバ)等です。

人間と動物の子ども：[54] das Baby (赤ん坊), das Kind (子ども), das Ferkel (子豚), das Kalb (子牛), das Kälbchen (子牛), das Küken (雛), das Lamm (子羊)

縮小辞 (*-chen, -lein*, 方言の *-le, -erl, -el, -li*)**：** das Kaninchen (家ウサギ), das Fräulein (お嬢さん), das Aschenbrödel (シンデレラ); Haus (家) → das Häuschen (小屋、小さい家), das Häuslein (小さい家)

破片や小さな粒子：das Stück (部分、切片), das Teil (部分), das Atom (原子), das Elektron (電子), das Molekül (分子), das Neutron (中性子)

周期表の 112 元素の大部分：das Aluminium (アルミニウム), das Kupfer (銅), das Uran (ウラン)
次の 6 元素は例外：der Kohlenstoff (炭素), der Phosphor (燐), der Sauerstoff (酸素), der Schwefel (硫黄), der Stickstoff (窒素), der Wasserstoff (水素)

金属の名前：das Blei (鉛), das Messing (真鍮), das Zinn (錫)　例外：die Bronze (ブロンズ), der Stahl (スチール)

素材：das Glas (ガラス), das Holz (木材)

火と水： das Feuer (火), das Wasser (水)

草：das Gras (草), das Haschisch (大麻), das Heu (干し草), das Kraut (ハーブ), das Marihuana (マリファナ), das Viehfutter (家畜用飼料), das Unkraut (雑草)

物理単位：das Ampere (アンペア), das Newton (ニュートン), das Ohm (オーム), das Volt (ヴォルト), das Watt (ワット)

温度単位：das Celsius (摂氏), das Fahrenheit (華氏), das Kelvin (ケルビン)

重量単位：das Gewicht (重量), das Kilogramm (キログラム), das Pfund (ポンド)

例外：語尾に *-e* がつく女性名詞；die Tonne (トン), die Unze (オンス)

物の測定や範囲、測定単位：das Maß (金額、温度や経度などの度、サイズ、度量)；派生語　das Ausmaß (規模、広さ)

音楽の調：das Dur (長調), das Moll (短調)

○音楽活動の形態： das Konzert (コンサート), das Orchester (オーケストラ), das Theater (演劇), das Ballett (バレー) しかし、*die* Oper (オペラ), *die* Band (バンド)

○接尾語 *-e*が付かない楽器：das Cello (チェロ), das Cembalo (チェンバロ), das Klavier (ピアノ), das Piano (ピアノ)

分数：das Drittel (1/3), das Viertel (1/4), das Zwanzigstel (1/20), das Quartal (四半期)

例外：die Hälfte (半分)；スイスでは語尾に*-tel*のつく分数は男性形。

本、紙、記録： das Buch (本), das Blatt (一枚), das Dokument (書類), das Kapitel (章), das Papier (紙), das Protokoll (記録、プロトコール), das Wort (言葉)

スポーツとゲーム：

○das Aerobic (エアロビック)
○das Badminton (バドミントン)
○das Bowling (ボーリング)
○das Golf (ゴルフ)
○das Hockey (ホッケー)
○das Jogging (ジョギング)
○das Karate (空手)
○das Pilates (ピラテス)
○das Schwimmen (水泳)
○das Squash (スカッシュ)
○das Tennis (テニス)
○das Turnen (体操)
○das Yoga (ヨガ)

○das Backgammon (バックギャモン)
○das Poker (ポーカー)
○das Schach (チェス)

例外：複合名詞；*der Ball* (*der Fußball*, etc.), *der Sport* (*der Motorsport, der Wassersport,* etc.)

薬：das Heilmittel (治療薬), das Medikament (薬), das Arzneimittel (医薬品) → das Aspirin (アスピリン)
しかし die Arznei (語尾に -ei がつくため)

洗剤：das Waschmittel (洗剤) → 製品名：das Attack (アッタク), das Ariel (アリエール), das Omo (オモ), das Vim (ヴィム), das Persil (ペルシル)

ホテル、喫茶店、クラブ、劇場、映画館の名前： das Hilton, das Odeon

外来語：外来語は殆どが中性名詞。例えば *das Know-how* (ノウハウ)。例外は、すでにドイツ語で同じカテゴリーの単語が男性形や女性形で存在している場合。
例：*die Holding* (ホールディングカンパニー)はすでにドイツ語で *die Firma* (会社), *die Gesellschaft* (会社)という女性名詞があります。

規則 2：音

-aar : das Haar, das Paar 。 しかし die Saar (中央ヨーロッパの河川は殆どが女性形)

-är : das Militär, das Salär

-al :

○das Denkmal
○das Festival
○das Ideal
○das Kapital
○das Lokal
○das Oval
○das Pedal
○das Personal
○das Portal
○das Schicksal
○das Signal
○das Spital
○das Tal

例外：die Moral (道徳；*die Ethik* 倫理, *die Sittlichkeit* 道義と同じカテゴリー)、der Karneval (カーニバル；*der Fasching* 謝肉祭と同じカテゴリー)、der Schal (襟巻き、マフラー), der Kanal (運河；*der Sund* 海峡, *Wasserlauf* 水の流れ, *der Wasserweg* 水路と同じカテゴリー)

-at :

- ○ das Aggregat
- ○ das Attentat
- ○ das Dekanat
- ○ das Derivat
- ○ das Destillat
- ○ das Diktat
- ○ das Dirigat
- ○ das Duplikat
- ○ das Emirat
- ○ das Exponat
- ○ das Fabrikat
- ○ das Filtrat
- ○ das Format
- ○ das Implantat
- ○ das Inserat
- ○ das Internat
- ○ das Kalifat
- ○ das Kondensat
- ○ das Konglomerat
- ○ das Konkordat
- ○ das Konsulat
- ○ das Korrelat
- ○ das Laminat
- ○ das Lektorat
- ○ das Mandat
- ○ das Nitrat
- ○ das Opiat
- ○ das Phosphat
- ○ das Plagiat
- ○ das Plakat

○das Postulat
○das Proletariat/das Lumpenproletariat
○das Protektorat
○das Quadrat
○das Referat
○das Rektorat
○das Syndikat
○das Unikat
○das Zertifikat
○das Zitat

男性名詞の例外：語尾に *-at* が付く男性名詞は男性の人間、職業、役割を表す名詞です。それらが女性の場合は殆どが語尾に *-in* を加えて女性形にします：

○der Advokat
○der Akrobat
○der Aristokrat
○der Bürokrat
○der Demokrat
○der Diplomat
○der Pirat
○der Renegat
○der Soldat

機械、装備、工具の関係の名詞も男性形です：

○der Apparat
○der Automat
○der Thermostat

また、*der Rat* (元々はあらゆる種類の備えを意味していましたが、現在はアドバイスや評議会を意味します。）からの派生語が多くあります：*der Beirat* (諮問会議、評議会), *der Sicherheitsrat* (安全保障理事会), *der Bundesrat* (連邦議会、スイスでは連邦内閣), さらに *der Senat* (元老院、ドイツの市州政府)も男性名詞です。この他にも、このカテゴリーに属する名詞に *der Hausrat* (家財道具、調度品), *der Vorrat* (在庫、予備、蓄え), *der Verrat* (こちらは、誠実な備えの der Vorrat とは反対に反逆、裏切り、密告を意味します。）

女性形の例外：語尾に *-at* が付く女性名詞はカテゴリーが女性形の名詞です。

例：*die Kumquat* (キンカン; 果物は女性形)、*die Tat* (行為; *die Aktion, die Handlung* と同じカテゴリー)、*die Zutat* (料理の材料; 語根の *die Tat* が女性形)、*die Heimat* (故郷)と *die Heirat* (結婚; 家庭のための備えの一種であり、*die Ehe, die Eheschließung, die Hochzeit, die Trauung, die Verheiratung* と同じ女性形のカテゴリーです)。

-bot：

○das Angebot
○das Aufgebot
○das Ausgehverbot
○das Gebot
○das Überangebot

例外：コンピューター分野の名詞で *der Roboter*（ロボット）から派生した *der Bot*(ボット)は男性形。

-eil : das Seil, das Urteil, das Gegenteil

Das Teil (*loses Stück*；切り離された部分、パーツ)：das Einzelteil, das Ersatzteil, das Oberteil, das Plastikteil, das Puzzleteil, das Wrackteil

Der Teil (*Teil eines Ganzen*；全体の中の一部分)：der Bestandteil, der Elternteil, der Erdteil, der Landesteil, der Mittelteil (例えば本の中間部分など), der Stadtteil, der (vordere/hintere) Zugteil

-em : 最後の音節にアクセントがある *-em* が付く名詞は語源がギリシャ語で、中性名詞が多いです。

○das Diadem
○das Ekzem
○das Emblem
○das Extrem
○das Ödem
○das Phonem
○das Problem
○das System
○das Theorem

第一音節にアクセントのある次の名詞も中性形です：das Modem, das Requiem, das Totem, das Tandem

しかし、第一音節にアクセントのある次の名詞は男性形です：der Atem, der Harem, der Moslem

-ett：語尾が *-ett* の名詞の 95% が中性名詞 です。[55]

○das Bankett
○das Ballett
○das Billett
○das Brett
○das Brikett
○das Kabinett
○das Büfett
○das Duett
○das Eszett (ß)
○das Etikett
○das Fett
○das Flussbett
○das Jackett
○das Kabarett
○das Kabinett
○das Kabriolett
○das Klosett
○das Kornett
○das Korsett
○das Kotelett
○das Menuett
○das Minarett
○das Omelett
○das Parkett
○das Quartett
○das Roulett

○das Sextett
○das Skelett
○das Sonett
○das Tablett
○das Violett

-euer : das Abenteuer, das Feuer, das Ungeheuer

-fon / -phon : das Grammophon, das Mikrophon, das Megaphon, das Saxofon/Saxophon, das Telefon, das Xylofon/Xylophon

Ge- : アクセントがない音節 *Ge-*で始まり人間を表さない名詞は殆どが中性名詞です。例：das Gehirn (脳)。 また、*Ge-* + 動詞の語幹 + *-e* で構成されている名詞は常に中性名詞です。例：fragen → das Gefrage, bauen → das Gebäude, malen → das Gemälde。また、近い関係にある名詞から構成された中性名詞も数多くあります。例：Berge → das Gebirge

○das Gebäck
○das Gebäude
○das Gebet
○das Gebiet
○das Gebirge
○das Gebiss
○das Gedächtnis
○das Gedicht
○das Gefäß

○ das Gefühl
○ das Geheimnis
○ das Gehirn
○ das Gelächter
○ das Gelände
○ das Gelenk
○ das Gemälde
○ das Gemüse
○ das Gemüt
○ das Gepäck
○ das Gerät
○ das Geräusch
○ das Gerede
○ das Gericht
○ das Gerücht
○ das Gerüst
○ das Gesäß
○ das Geschäft
○ das Geschehen
○ das Geschenk
○ das Geschick
○ das Geschirr
○ das Geschlecht
○ das Geschoss
○ das Geschrei
○ das Geschütz
○ das Geschwätz
○ das Geschwür
○ das Gesetz
○ das Gesicht
○ das Gespenst

○das Gespräch
○das Gespür
○das Gestein
○das Gestell
○das Gestirn
○das Gesuch
○das Getränk
○das Getreide
○das Gewächs
○das Gewand
○das Gewässer
○das Gewebe
○das Gewehr
○das Gewerbe
○das Gewicht
○das Gewinde
○das Gewissen
○das Gewitter
○das Gewürz

男性名詞の例外：語頭が *Ge-* で始まる男性名詞は、大部分が *Ge-* で始まる中性名詞に比べて、より抽象的な意味を持ちます：

○der Gedanke (思考)
○der Genuss (享受)
○der Geschmack (味、趣味)
○der Gewinn (利潤)
○der Geruch (匂い)
○der Gestank (悪臭)
○der Gebrauch (使用)
○der Gesang (声楽、歌)

女性名詞の例外：語頭が *Ge-* で始まる女性名詞も、大部分が *Ge-* で始まる中性名詞に比べて、より抽象的な意味を持ちます：

○die Gebärde (ジェスチャー、身振り)
○die Gebühr (料金)
○die Geburt (出産)
○die Geduld (忍耐)
○die Gewalt (暴力)
○die Gestalt (形状)
○die Geschichte (歴史、物語)
○die Gemeinde (自治体)
○die Gefahr (危険)
○die Gewähr (保証)

-gramm：

○das Anagramm
○das Autogramm
○das Diagramm
○das Hologramm
○das Kilogramm
○das Milligramm
○das Mikrogramm
○das Monogramm
○das Programm
○das Parallelogramm
○das Seismogramm
○das Telegramm

-ial : das Material, das Potenzial

-iel :

○das Beispiel
○das Endspiel
○das Glücksspiel
○das Lustspiel
○das Spiel
○das Trauerspiel
○das Ziel

-ier : 語尾に*-ier*の付く名詞の 60%が中性名詞、30%が男性名詞、10%が女性名詞です。[56]

人間 (例：der Australier, der Bankier, der Brigadier) や動物 (例：der Stier, der Dinosaurier, der Terrier)ではなく無生物や包括的概念のカテゴリーに属する物は中性名詞です：

○das Atelier
○das Bier
○das Elixier
○das Klavier
○das Metier
○das Papier
○das Quartier
○das Tier
○das Turnier
○das Visier

抽象的表現を表す名詞が主に女性形ですから *die Gier*（渇望、欲）も女性形と分かります。*die Feier*（祝祭、休日）も *-ier* がつく例外的な女性名詞の一つです。

-ing： 語尾に *-ing* の付く英語由来の名詞は大部分が中性名詞です：

○ das Babysitting
○ das Bodybuilding
○ das Bowling
○ das Brainstorming
○ das Branding
○ das Camping
○ das Controlling
○ das Desktoppublishing
○ das Dribbling
○ das Doping
○ das Dressing
○ das Jogging
○ das Lobbying
○ das Marketing
○ das Mobbing
○ das Recycling
○ das Stalking
○ das Training

例外：すでにドイツ語で同様の名詞がある場合は、その既存の名詞と同じ性になります：

語尾が *-ing* の女性名詞：

○die Holding (die Firma, die Gesellschaft と同じカテゴリー)

語尾が *-ing* の男性名詞：

○der Boxring (der Ring はすでにあるドイツ語です。同義語 der Kampfplatz も男性名詞です。)

-ip：das Prinzip とその多くの複合名詞：
das Autoritätsprinzip, das Einteilungsprinzip, das Fertigungsprinzip, das Grundprinzip, das Kausalprinzip, das Lebensprinzip, das Leistungsprinzip, das Leitungsprinzip, das Majoritätsprinzip, das Moralprinzip, das Nützlichkeitsprinzip, das Ordnungsprinzip, das Prioritätsprinzip, das Relativitätsprinzip, das Sparsamkeitsprinzip

-iv：

○das Additiv
○das Adjektiv
○das Archiv
○das Leitmotiv
○das Motiv
○das Präservativ

例外：文法の格 der Nominativ, der Genitiv, der Dativ, der Akkusativ は *der Kasus* や *der Fall* と同じカテゴリ

ーの男性名詞です。der Infinitiv, der Superlativ も男性名詞です。

-lein： この縮小辞は慣用句的表現や絵画的表現に使われることが多いです：das Bächlein, das Büchlein, das Fräulein, das Gänslein, das Knäblein, das Krüglein, das Männlein, das Scherflein, das Stiftsfräulein, das Stündlein, das Vöglein, das Zicklein, das Zünglein

-ld： das Bild, das Geld, das Gold, das Umfeld, das Spielfeld, das Erdölfeld, das Mittelfeld, das Spannungsfeld, das Trümmerfeld, das Magnetfeld, das Schild (*das Plakat* と同じカテゴリー), das Wild

例外：男性名詞：der Held, der Schild, der Sold, der Wald

女性名詞：die Geduld, die Schuld

-ma： ギリシャ語由来の名詞：

○das Aroma
○das Charisma
○das Dilemma
○das Dogma
○das Drama
○das Klima

○das Koma
○das Komma
○das Magma
○das Panorama
○das Paradigma
○das Plasma
○das Prisma
○das Schema
○das Sperma
○das Stigma
○das Thema
○das Trauma

ギリシャ語由来ではない中性名詞：das Karma, das Lama

例外： *die Firma* (*die Gesellschaft* と同じカテゴリー), *der Puma* (恐ろしい動物は殆どが男性名詞)

-ment：外来語の多くがこのカテゴリーの名詞です。殆どが中性名詞です。：

○das Abonnement
○das Apartment
○das Argument
○das Departement
○das Dokument
○das Element
○das Equipment
○das Experiment

○das Fragment
○das Fundament
○das Instrument
○das Kompliment
○das Management
○das Medikament
○das Monument
○das Ornament
○das Parlament
○das Pergament
○das Pigment
○das Posament
○das Regiment
○das Reglement
○das Sakrament
○das Sediment
○das Segment
○das Sortiment
○das Statement
○das Temperament
○das Testament
○das Wealth Management

例外：

○der Konsument (消費者；人間なので上記の中性名詞とは違うカテゴリー)

○der Zement (セメント；*der Sand, der Stein, der Beton, der Kiesel, der Kitt, der Klebstoff* と同じカテゴリー)

-nis：語尾が-nis の名詞は中性名詞か女性名詞です。

女性名詞は一般的に態度や条件や抽象的な概念を表す名詞です。：

○die Bedrängnis (窮状、逼迫；*die Angst, die Sorge*, その他 *die Armut* のような存在に関わる名詞と同じカテゴリー)
○die Befugnis　(権限)
○die Bewandtnis (事情、状況)
○die Bitternis (辛酸、苦味)
○die Empfängnis (受胎、懐妊)
○die Erlaubnis (許可；このカテゴリーには規則や期限・制限などの名詞も含まれます：*die Begrenzung, die Beschränkung, die Frist, die Grenze, die Regelung, die Limitierung*)
○die Ersparnis (貯金、節約)
○die Fäulnis (腐敗、腐乱)
○die Finsternis (闇、日・月蝕　；*die Dunkelheit, die Nacht* と同じカテゴリー)
○die Kenntnis (知識、認識；知恵は女性名詞のカテゴリー)
○die Wildnis (原野; 古代ギリシャと古代ローマでは狩猟の神は女神なので狩猟に関係する名詞は女性形)

語尾が*-nis* の中性名詞は一般的に具体性のある名詞（イベント、結果、物質的なもの。）

○das Ärgernis (迷惑、不快な事)
○das Bedürfnis (欲求、必要)
○das Begräbnis (埋葬、葬儀)
○das Bekenntnis (告白、公言)
○das Besäufnis (暴飲)
○das Bildnis (像、肖像、肖像画)
○das Bündnis (同盟、連合)
○das Eingeständnis (告白、自白)
○das Ereignis (出来事、事件)
○das Ergebnis (結果；ビジネ用語の営業利益 は *das Betriebsergebnis*)
○das Erlebnis (経験、体験)
○das Erzeugnis (製品、産物)
○das Gedächtnis (記憶、記念、メモリー；*das Gehirn* も中性名詞)
○das Gefängnis (刑務所)
○das Geheimnis (秘密；*das Rätsel, das Mysterium, das Phänomen, das Wunder* と同じカテゴリー)
○das Geständnis (告白、白状；上記の *das Bekenntnis* と同じカテゴリー)
○das Hemmnis (邪魔、妨害、バリアー、障害などで、時には微妙ニュアンスを表す)
○das Hindernis (障害、妨害；*das Hemmnis* よりもっと物理的な意味)
○das Tennis (テニス；スポーツは中性名詞)
○das Verhältnis (関係、割合；合成語の例：*das Risiko-Rendite-Verhältnis*)
○das Verhängnis (不幸、凶運、破滅)
○das Verständnis (理解)
○das Missverständnis (誤解)

○das Unverständnis (無理解)
○das Verzeichnis (リスト、目録、索引)
○das Wagnis （試み、敢行、ベンチャー)
○das Zerwürfnis (不和、仲たがい)
○das Zeugnis (証明、証言、成績表)

-ol：化学物質の多くが語尾に *-ol* のつく中性名詞。また日常よく使われる名詞 *das Idol, das Symbol* も中性名詞です。

○das Aerosol
○das Äthanol/Ethanol
○das Benzol
○das Cobol
○das Glykol
○das Idol
○das Menthol
○das Mol
○das Monopol
○das Phenol
○das Polystyrol
○das Sol (ゾル、コロイド溶液；古代ローマの太陽は *der Sol)*
○das Stanniol
○das Südtirol (南チロル；国名、地方名の多くが中性名詞)
○das Symbol
○das Thymol
○das Tirol (チロル；国名、地方名の多くが中性名詞)
○das Toluol

例外：

○der Alkohol (化学物質は大多数が中性名詞ですが、アルコールとアルコール飲料は男性名詞が多いです。)
○der Pirol (コウライウグイス科の鳥；鳥は一般的に男性名詞)
○der Pol, der Nordpol, der Südpol, der Gegenpol (方角は男性名詞)

-om / -ym：

○das Akronym
○das Atom
○das Axiom
○das Binom
○das Chromosom
○das Diplom
○das Enzym
○das Genom
○das Kondom
○das Metronom
○das Monom
○das Phantom
○das Polynom
○das Pseudonym
○das Symptom
○das Syndrom

-skop :

○ das Horoskop
○ das Kaleidoskop
○ das Mikroskop
○ das Periskop
○ das Stethoskop
○ das Teleskop

-tum :

○ das Altertum
○ das Analphabetentum
○ das Arboretum
○ das Bauerntum
○ das Besitztum
○ das Bistum
○ das Brauchtum
○ das Bürgertum
○ das Christentum
○ das Datum
○ das Diktum
○ das Eigentum
○ das Faktum
○ das Fürstentum
○ das Heidentum
○ das Heiligtum
○ das Heldentum
○ das Herzogtum
○ das Judentum
○ das Kaisertum

○das Kompositum
○das Künstlertum
○das Laientum
○das Mitläufertum
○das Mönchstum
○das Papsttum
○das Präteritum
○das Quantum
○das Rektum
○das Scheichtum
○das Skrotum
○das Strebertum
○das Ultimatum
○das Unternehmertum
○das Volkstum
○das Votum
○das Wachstum
○das Zwittertum

例外：

○der Irrtum (*der Fehler*と同じカテゴリー)
○der Reichtum

-um：特にラテン語由来の名詞は中性名詞。

○das Album
○das Aquarium
○das Auditorium
○das Bakterium
○das Evangelium
○das Forum

○das Gymnasium
○das Impressum
○das Individuum
○das Jubiläum
○das Kriterium
○das Maximum
○das Minimum
○das Ministerium
○das Museum
○das Opium
○das Optimum
○das Pensum
○das Podium
○das Publikum
○das Serum
○das Stadium
○das Studium
○das Vakuum
○das Visum
○das Zentrum

例外：der Konsum (*der Verbrauch* と同じカテゴリー)

-werk： *das Werk* の複合名詞：

○das Atomkraftwerk
○das Bauwerk
○das Bollwerk
○das Braunkohlekraftwerk
○das Breitbandnetzwerk
○das Computernetzwerk
○das Dampfkraftwerk

○ das Datennetzwerk
○ das Diskettenlaufwerk
○ das Erdwärmekraftwerk
○ das Feuerwerk
○ das Gaskraftwerk
○ das Gaswerk
○ das Gedankenwerk
○ das Gemeinschaftswerk
○ das Gewerk
○ das Glaswerk
○ das Handwerk
○ das Hauptwerk
○ das Hilfswerk
○ das Kraftwerk
○ das Kunstwerk
○ das Laufwerk
○ das Meisterwerk
○ das Metallwerk
○ das Nachschlagewerk
○ das Netzwerk
○ das Orchesterwerk
○ das Sammelwerk
○ das Stahlwerk
○ das Standardwerk
○ das Stockwerk
○ das Strahltriebwerk
○ das Wasserwerk
○ das Windkraftwerk
○ das Wunderwerk

-yl :

○das Asyl (亡命、収容所；ギリシャ語由来の中性名詞)
○das Acryl
○das Vinyl

-zept :

○das Konzept
○das Rezept

-zeug :

○das Zeug
○das Fahrzeug
○das Flugzeug
○das Kampfflugzeug
○das Militärflugzeug
○das Passagierflugzeug
○das Schreibzeug
○das Silberzeug
○das Spielzeug
○das Werkzeug

あれかこれか

三つの性のうち二つの性で迷った場合は、次の方法によって正しい性を選ぶ確率が高くなります。

男性形か中性形か

語尾が *-ck, -kt, -tz* のような二重子音の名詞の場合は、男性名詞か中性名詞です。

語頭に *G-* か *Ge-*が付いていれば中性名詞です。これが男性名詞と中性名詞を見分ける一つの方法です。

-ck:

男性名詞：der Blick, der Dreck, der Druck, der Fleck, der Geck, der Klick, der Knick, der Lack, der Rock, der Schluck, der Speck, der Trick, der Zweck

中性名詞：das Dreieck, das Gebäck (語頭辞 *Ge-* で始まる中性名詞), das Genick, das Gepäck, das Glück, das Stück, das Comeback, das Feedback (外来語は中性名詞)

-eer :

男性名詞：der Eritreer, der Lorbeer, der Teer, der Speer

中性名詞：das Heer, das Meer

-isch : 語尾が *-isch* の語は殆どが形容詞ですが、名詞の場合は男性名詞か中性名詞です。

男性名詞：der Fetisch, der Fisch, der Tisch

中性名詞：語尾が*-isch* の中性名詞の多くは言語です：das Arabisch, das Deutsch, das Englisch, das Japanisch, das Spanisch

-kt :

男性名詞：der Affekt, der Akt, der Architekt, der Aspekt, der Defekt, der Dialekt, der Effekt, der Infarkt, der Infekt, der Instinkt, der Intellekt, der Katarakt, der Konflikt, der Kontakt, der Kontrakt, der Markt, der Pakt, der Prospekt, der Punkt, der Respekt, der Sekt, der Takt, der Trakt

中性名詞：das Artefakt, das Delikt, das Edikt, das Konfekt, das Insekt, das Konstrukt, das Objekt, das Perfekt (完了形; 文法用語は中性名詞), das Projekt, das

Produkt, das Relikt, das Subjekt, das Verdikt (評決; *das Urteil* と同じカテゴリー)

例外（女性名詞）： *die* Katarakt (白内障；男性名詞 *der* Katarakt は滝、瀑布)

-o：語尾に *-o* の付く名詞は、普通は中性名詞か男性名詞です。

中性名詞の例：

ギリシャ語が語源：das Auto, das Deo, das Echo, das Ego, das Foto, [57] das Kilo, das Kino, das Logo, das Makro, das Mikro, das Trio

ラテン語が語源： das Credo/Kredo, das Memo, das Neutrino, das Video

フランス語が語源：das Abo (das Abonnement の略語), das Bistro, das Büro, das Cabrio, das Karo, das Portfolio, das Rokoko, das Rollo

イタリア語が語源：das Duo, das Fiasko, das Fresko, das Ghetto, das Inferno, das Inkasso, das Intermezzo, das Intro, das Kasino, das Kommando, das Konto, das Libretto, das Lotto, das Manko, das Motto, das Piano, das Porto, das Risiko, das Rondo, das Solo, das Studio, das Szenario, das Tempo, das Veto

英語が語源：das Banjo, das Bingo, das Placebo, das Shampoo, das Ufo

スペイン語が語源：das Eldorado, das Embargo, das Lasso

言語名は普通中性名詞。語尾が *-o* の言語も同じ：das Esperanto

語尾が *-o* の楽器：das Cello, das Cembalo, das Piano

語尾が *-o* のスポーツ：das Judo, das Polo, das Rodeo

語尾が *-o* の国名：(das alte) Marokko, (das alte) Mexico, (das alte) Monaco, (das alte) Montenegro

例外：語尾が *-o* の男性名詞：

○der Bolero (ボレロ；ダンスの多くが男性名詞)
○der Cappuccino (カプチーノ；飲み物は一般的に男性名詞)
○der Dingo (ディンゴ；*der Hund* と同じカテゴリー)
○der Dynamo (発電機；一般的に機械は男性名詞)
○der Eskimo (エスキモー)

○der Espresso (エスプレッソ；飲み物は一般的に男性名詞)
○der Euro (ユーロ；多くの通貨が男性名詞)
○der Fango (泥トリートメント；土壌の種類は男性名詞)
○der Flamenco (フラメンコ；殆どのダンスは男性名詞)
○der Flamingo (フラミンゴ；大きい鳥は一般的に男性名詞)
○der Gigolo (ジゴロ、ホスト)
○der Gusto (好み；*der Geschmack* と同じカテゴリー)
○der Kakao (ココア；飲み物は一般的に男性名詞)
○der Macho (マッチョ)
○der Mungo (マングース)
○der Oregano (オレガノ；ハーブは一般的に男性名詞)
○der Pluto (冥王星；星は一般的に男性名詞)
○der Porno (ポルノ；*der Pornofilm* の略語)
○der Saldo (残高；*der Betrag, der Kontostand* と同じカテゴリー)
○der Salto (宙返り；*der Überschlag* と同じカテゴリー)
○der Schirokko (シロッコ；風のカテゴリー)
○der Sombrero (ソンブレロ；*der Hut* と同じカテゴリー)

○der Tacho (タコメーター；機械と器具の大部分が男性名詞)
○der Tango (タンゴ；殆どのダンスは男性名詞)
○der Torero (闘牛)
○der Tornado (竜巻；風のカテゴリーは男性名詞)
○der Torpedo (魚雷；機械類は一般的に男性名詞)
○der Torso (胴体；*der Oberkörper* と同じカテゴリー)
○der Trafo (変圧器；機械の殆どが男性名詞)
○der Zoo (動物園；*der Tiergarten* と同じカテゴリー)

例外：語尾が *-o* の女性名詞：die Demo, die Disko, die Limo, die Info (それぞれ *die Demonstration, die Diskothek, die Limousine, die Information* の略語)；die Uno/UNO, die NATO, die NGO (O は *die Organisation* の略)；die Avocado, die Mango (果物は一般的に女性名詞)；die Libido

-os：ギリシャ語の男性名詞と名前の多くは語尾に -os が付きます; たとえば ギリシャ神話のブドウ酒の神 Dionysos (ディオニュソス)。ドイツ語に取り入れられても男性名詞として残る傾向があります。(例：*der Kosmos, der Mythos*) しかし、一般的に外来語が中性形であるようにドイツ語では中性名詞になったものもあります。（例：*das Chaos, das Pathos*）ここで語尾が *-os*

の女性名詞はないということを知ることは役に立ちます。

-tz : der Blitz, der Platz, der Satz, der Schlitz, der Sitz, der Witz

女性形か男性形か

-mut : 語尾が*-mut*の名詞は男性、女性、中性のどの名詞もあります。しかし抽象的な意味を持つ名詞は、殆どが女性形か男性形です。男性形は攻撃的な意味を持つ名詞が多く、女性形は寛容な意味を持つ名詞が多いです。[58]

女性名詞：

○die Armut (貧困)
○die Demut (謙虚)
○die Langmut (忍耐)
○die Sanftmut (温厚)
○die Schwermut (陰気)
○die Wehmut (憂鬱)

男性名詞：

○der Mut (勇気)
○der Freimut (率直)
○der Hochmut (傲慢)
○der Missmut (不平)
○der Übermut (向こう見ず)

○der Unmut (無念)
○der Wagemut (大胆)

語尾の*-mut*が物質的な名詞に付く場合は中性名詞が多いです：*das Bismut* (化学元素ビスマス)

二重子音

語尾が二重子音の名詞は男性も女性も中性の場合もあります。規則１と規則２を組み合わせることが、性を決定するのに役立つでしょう。

一音節の短い名詞の殆どは男性名詞の傾向があります。ただし女性名詞や中性名詞の典型的な語尾やカテゴリーを持つ名詞は例外です。

男性名詞：der Ball, der Drall, der Drill, der Fall, der Hall, der Müll, der Zoll, der Griff, der Stoff, der Damm, der Schlamm, der Sinn, der Tipp, der Biss, der Grieß, der Gruß, der Fluss, der Fraß, der Fuß, der Kloß, der Kuss, der Pass, der Ruß, der Spaß, der Schweiß, der Spieß, der Strauß, der Schluss, der Schuss, der Stoß, der Schoß, der Fleiß, der Ritt, der Tritt

中性名詞：das Ass, das Fass, das Kinn, das Fell, das Schiff (das Boot と同じカテゴリー), das Kaff, das Bett, das Brett, das Fett (語尾が*-ett*の名詞の 95%が中性名詞), das Lamm, das Schloss, das Maß, das Floß, das Gefäß, das Gesäß, das Geschoss (語頭に *Ge-*が付く語は殆どが中性名詞), das Edelweiß (色を示す名詞または語尾に色が付く名詞は殆どが中性名詞)

女性名詞：die Fitness, die Nuss (果実とナッツは殆どが女性名詞), die Null (数は女性名詞), die Nachtigall (小鳥は殆どが女性名詞), die Geiß (雌山羊), die Wellness

複数の性を持つ名詞

少数ですがドイツ語には複数の性を持つ名詞があります。この現象は時として地域的な差によることがあります。例えば北ドイツでは die E-Mail は、die Post と同類と見なして女性形です。それに引き換え、南ドイツ、オーストリア、スイスでは外来語であるという見方から das E-Mail と言います。

もう一つのケースは、例えば App という名詞があります。ソフトウエアの App は die Applikation の略語ですから女性形だと解釈する人と、 das Programm の一種だから中性形だと考える人がいます。ですから die App と das App の両方が使われています。

言葉は生き物ですから性も変化せざるを得ません。
1960 年度版から 1997 年度版までの Duden 社の辞書 Fremdwörterbuch では 199 の名詞が性を変えました。[59]

一番多くあるケースは男性形と中性形の場合です。中性形が使われるのは、その名詞が外来語だからです：

○der/das Aquädukt (送水路、水道橋; 語源がラテン語)
○der/das Barock (バロック; 美術・音楽・時代関連で使用。フランス語が由来)

○der/das Biotop (ビオトープ; 語源がギリシャ語)
○der/das Bonbon (キャンディ; フランス語が語源)
○der/das Dotter (卵黄; *das Eigelb* と同じカテゴリーなので、中性形も使われます。)
○der/das Drittel (3分の1; ドイツでは *das* ですが、スイスでは *der* が使われます。)
○der/das Dschungel (ジャングル; *der Urwald* と同じカテゴリーですが、jungle に由来している外来語のため中性形 *das* も使われます。)
○der/das Extrakt (エキス、抽出物; *der Auszug, das Konzentrat* と同じカテゴリー)
○der/das Fakt (事実、ファクト; *das Faktum* の略語)
○der/das Gelee (ゼリー)
○der/das Iglu (イグルー)
○der/das Indigo (インディゴ、藍色)
○der/das Joga/Yoga (ヨガ)
○der/das Kosovo (コソボ; 二つの性を持つ例外的な国名)
○der/das Liter (リットル; スイスでは *der* が好まれます。)
○der/das Link (リンク)
○der/das Log-in/Login (ログイン)
○der/das Match (試合; ドイツでは、*das Spiel* の同義語と解釈し中性形。スイスでは、*der Wettkampf* の同義語と見なし男性形。)
○der/das Meter (メートル)

○der/das Nougat/Nugat (ヌガー)
○der/das Perron (プラットホーム)
○der/das Piment (ピメント、オールスパイス)
○der/das Pontifikat (司教職)
○der/das Purpur (パープル、深紅色)
○der/das Pyjama (パジャマ；ドイツでは *der Schlafanzug* の同義語と解釈し男性形を、オーストリアとスイスでは語尾に *-ma* が付く名詞は中性名詞だという理由で中性形を使います。)
○der/das Radio (ラジオ；南ドイツ、オーストリア、スイスでは *der Rundfunk* と同じカテゴリーの男性形を使う傾向があります。)
○der/das Scan (スキャン)
○der/das Silo (サイロ)
○der/das Spagat (開脚)
○der/das Storno (キャンセル、削除)
○der/das Tattoo (入れ墨、タトゥー)
○der/das Teil (*der Teil : der Stadtteil* のように全体を構成するものの一部を指します。*das Teil : das Stück* の同義語で、一部が欠けているものや、全体の一部であったものを指します。)
○der/das Techno (テクノ)
○der/das Terminal (ターミナル、端末)
○der/das Thermometer (温度計; オーストリアとスイスでは *der Meter* にリンクしていると見なして男性形。ドイツでは温度の単位の *das Celsius, das Fahrenheit, das Kelvin* と同様に中性形。)

○der/das Thermostat（サーモスタット）
○der/das Viadukt (高架橋)
○der/das Virus (ウィルス; 技術・科学分野の用語は中性形が優先されます。)
○der/das Volleyball (バレーボール)

二番目に多くあるのは男性形と女性形のケースです：

○der/die Abscheu (嫌悪、憎しみ；この言葉は *die Scheu* からの派生語です。元々は男性形であったものが、何世紀もの時を経て性が変化した例と言えます。)
○der/die Fussel (糸くず)
○der/die Mambo (マンボ；ダンスは男性形が一般的)
○der/die Oblast（スラブ系諸国の行政区分の一つ、州)
○der/die Python (アミメニシキヘビ；語尾が *-on* の名詞は男性形が一般的ですが、*die Schlange* と同じカテゴリーで女性形)
○der/die Samba (サンバ；語尾が *-a* なので女性形が普通ですが、ダンスは男性形が一般的)
○der/die Salbei (セージ；植物、ハーブは男性名詞が普通ですが、語尾に *-ei* のつく名詞は女性形が一般的)
○der/die Sellerie (セロリ；野菜は男性名詞が普通ですが、語尾に *-ie* が付く名詞は大部分が女性形)

次は女性形と中性形のケースです：

○die/das Aerobic (エアロビクス; *die Übung*または *das Fitnesstraining*)

○die App (*die Applikation*), das App (*das Programm*)

○die Cola (北ドイツ), das Cola (オーストリア、スイス、南ドイツ)

○die/das Consommé (フランス語が語源ですが、語尾が *-e*なので女性形も使われます。)

○die E-Mail (北ドイツ), das E-Mail (オーストリア、スイス、南ドイツで使われます。)

○die/das Foto (*die Fotographie*の省略。語尾が *-o*の名詞は中性形)

○die/das Furore (注目、センセーション; イタリア語が語源なので普通は中性形ですが、語尾が *-e*なので女性形も使われます。)

○die/das SMS (ドイツでは SMS は *die Kurznachricht*と同義語なので女性形。オーストリア、スイスでは外来語なので中性形)

○die/das Tram (トラム、路面電車; ドイツの大半は *die Trambahn*の省略語と考えているので、女性形ですが、オーストリア、スイスと南ドイツの一部では、tramcar や tramway の外来語からの派生語とされ中性形 *das*が使われます。)

少数ですが三つの性が使われる名詞もあります：

○der/die/das Bookmark
○der/die/das Dingsbums
○der/die/das Joghurt
○der/die/das Spam
○der/die/das Triangel

ここで注意しなければならないことは、同じ名詞に違う性が付くことで、意味が全く違ってくる場合があることです。この場合は、正確に性を選択する必要があります。

幸いこのような名詞は数が多くありません。次のような名詞です：

○der Appendix (後付け、付録), die Appendix (盲腸)
○der Band (書籍の巻), die Band (楽隊、バンド), das Band (テープ、リボン)
○der Katarakt (滝), die Katarakt (白内障)
○der Kiwi (鳥のキーウイ), die Kiwi (果物のキウイ)
○der Kristall (結晶、水晶), das Kristall (クリスタルグラス製品)
○der Lama (仏教の師、ラマ), das Lama (動物のラマ)
○das Laster (悪徳), der Laster (トラック)

○der Mast (マスト), die Mast (肥育)

○der Moment (瞬間、刹那), das Moment (契機、要因、弾み)

○die See (海), der See (湖)

○das Tor (門、入り口、ゴール), der Tor (愚か者、阿呆)

○der Verdienst (稼ぎ、儲け), das Verdienst (長所、メリット)

性のない名詞

ごく少数ですが性のない次のような名詞もあります：

○Aids （エイズ）
○Allerheiligen (万聖節；西ヨーロッパでは１１月１日)

もともと性がない名詞と、性があっても場合によって冠詞を意識的に使わない場合があることを知っておく必要があります。例えば、“Ich möchte Wasser.” この文では物質名詞の水が特別な水を意味しませんので、意識的に定冠詞が使われていません。
また、“Weisheit ist gefragt.” のように一般化された表現にも定冠詞が使われません。英語と同様ドイツ語でも “Die Weisheit von Solomon ist gefragt.” や “Ich möchte das kalte Wasser.” のように名詞や表現を特定することで初めて定冠詞が必要となります。

索引と理解力テスト

ドイツ語名詞の性を判定するために、カテゴリーと音からアプローチする必要があることが分かりました。そこで、この索引は自分の理解力を自己診断するためにも使うことができます。それぞれの項目は、「これはどの性に属するのか」という問いに置き換えて、その答えを求めてみてください。

参考文献・注釈

[1] *Duden-Deutsches Universalwörterbuch*, 2015 に掲載の約 100,000 の名詞の分析に基づく。

[2] Duden German language database, 2015 に基づく約 1600 万語の単語（格の全変化形で）のコンピューター分析に基づく。（出典：*Duden-Deutsches Universalwörterbuch*）

[3] 一例：英国人学生のためのドイツ語文法書 "*A Practice Grammar of German*", Dreyer and Schmitt (2010, 全 400 頁)。この本のはじめに、名詞の性は規則を習うのではなく「定冠詞は一つ一つ暗記をしなさい。」とある。

[4] Twain, Mark. 1880. "The Awful German Language", Appendix D in *A Tramp Abroad*, Chatto & Windus.

[5] Köpcke, Klaus-Michael. 1982. *Untersuchungen zum Genussystem der deutschen Gegenwartssprache.* Max Niemeyer Verlag, Seite 1. 著者は自分の意見を裏付けるために現代の４名の言語学者の名を挙げている。

[6] Köpcke, Klaus-Michael. 1982. *Untersuchungen zum Genussystem der deutschen Gegenwartssprache*. Max Niemeyer Verlag. Köpcke は David Zubin と共同で数々の研究を発表。Köpcke, Klaus-Michael, David A. Zubin は共同で寄稿： "Sechs Prinzipien für die Genuszuweisung im Deutschen: Ein Beitrag zur natürlichen Klassifikation", *Linguistische Berichte 93* (1984), pp. 26-50、Sieburg, Heinz 編 1997 *Sprache – Genus/Sexus*. Peter Lang に転載。次も参照：Zubin, D.A. & Köpcke, K.-M. 1981. Gender: A less than arbitrary grammatical category, R. A. Hendrick, C.A. Masek, & M. F. Miller 編、*Papers from the seventeenth regional meeting, Chicago Linguistic Society* (pp. 439-449). Chicago: Chicago Linguistic Society; Zubin, D.A. and Köpcke, K.-M. 1984. Affect classification in the German gender system. *Lingua*, 63: pp. 41-96; Zubin, D.A. & Köpcke, K.-M. 1986. "Gender and folk-taxonomy: The indexical relation between grammatical gender and

lexical categorization", in C. Craik 編、*Noun classes and categorization* (pp. 139-180).

[7] ドイツの子供がドイツ語の性をマスターする年齢についての出典：Mills, A.E. 1986. *The Acquisition of Gender: A Study of English and German*. Springer-Verlag

[8] Krohn, Dieter and Krohn, Karin. 2008. *Der, das, die – oder wie? Studien zum Genuserwerb schwedischer Deutschlerner*, Peter Lang., P.107.

[9] Köpcke, Klaus-Michael. January 2009. Genus, p. 137, 四つの異なった実験の結果を示す。

[10] 例外については、しばしば他のカテゴリーや音（規則２）の知識によって知ることができる。例えば、中性名詞の章にある何故 *das Bier* と *das Wasser* が中性形であるのかの説明も参照されたい。

[11] 出典：*Duden-Deutsches Universalwörterbuch*, 2015

[12] ドイツの子供がドイツ語の性をマスターする年齢についての出典：Mills, A.E. 1986. *The Acquisition of Gender: A Study of English and German*. Springer-Verlag

[13] ギリシャ語とラテン語に関しては次の文献を参照：Brugmann, Karl. 1889. "Das Nominalgeschlecht in den Indogermanischen Sprachen", in Techmers Internationaler Zeitschrift für allgemeine Sprachwissenschaft, 4 (1889), pp. 100-109, Sieburg, Heinz 編 1997 *Sprache – Genus/Sexus*. Peter Lang, pp. 34-43 に転載。

[14] この仮説は次の文献を参照：Köpcke, Klaus-Michael and Zubin, David A. "Sechs Prinzipien für die Genuszuweisung im Deutschen: Ein Beitrag zur natürlichen Klassifikation", *Linguistische Berichte 93* (1984), pp. 26-50、Sieburg, Heinz 編 1997 *Sprache – Genus/Sexus*. Peter Lang, pp. 101-107 に転載。

[15] この比率の出典："Some Phonetic Rules of Gender Assignment in German" の図２.７, in Mills, A.E. 1986. *The Acquisition of Gender: A Study of English and German*. Springer-Verlag., p.33

[16] Köpcke, Klaus-Michael. 1982. *Untersuchungen zum Genussystem der deutschen Gegenwartssprache*; Köpcke, Klaus-Michael. 1994 *Funktionale Untersuchungen zur deutschen Nominal- und Verbalmorphologie*; Köpcke, Klaus-Michael. January 2009, *Genus*.

[17] das Atelier を das Haus と同じカテゴリーと見なすより、die Wohnung と同じカテゴリーと考える人がいても当然である。しかし、語尾が -*ier* の場合中性形になる傾向があるということも考慮に入れて、さらにフランス語由来の外来語であることも決定要因になる。

[18] この仮定は次の文献で議論されている：Köpcke, Klaus-Michael and Zubin, David A. "Sechs Prinzipien für die Genuszuweisung im Deutschen: Ein Beitrag zur natürlichen Klassifikation", *Linguistische Berichte 93* (1984), pp. 26-50、Sieburg, Heinz 編 1997 *Sprache – Genus/Sexus*. Peter Lang, pp. 97-98 に転載。

[19] ここでも同義語と同じ性に属さない稀なケースが見られる：*der Swimmingpool* と *das Schwimmbad* 。

[20] なぜ *das Bier* なのかは中性名詞の章の語尾 *-ier* の項目を参照。

[21] *der/die Mambo, der/die Rumba, der/die Samba* の両方が可能。

[22] 英語由来なので *Gag* を中性と見なすことができるが、ここでは語尾 *-ag* が男性形を表すということが決定要因となって *der Gag* となる。別の例としては英語の lag が由来の *der Lag*、ここでも語尾 *-ag* が決定要因で男性名詞となる。

[23] 中性名詞の国名には普通は冠詞が付かないので、いつ冠詞をつけるのかについては中性名詞の章の "国"の項目を参照。

[24] 語頭が *Ge-* で始まる名詞は殆どが中性名詞だが、例外として稀に語尾に *-ang* が付くために男性名詞になることがある。これは 男性名詞の語尾の *-ang* の方が *Ge-* より影響力が強いと言える。

[25] 外来語は一般的に中性名詞か、ドイツ語に同義語がありその影響を受ける場合もある。名詞 *der Toast* はパンのトーストを意味するのであればこの二つの原則に当てはまらないが、
祝いのための乾杯を意味する *der Trinkspruch* と同義語であるので男性名詞である。

[26] Wegener, Heide. 1995. *Die Nominaflexion des Deutschen – verstanden als Lerngegenstand.* Max Niemeyer Verlag., p.75.

[27] 同上、p.75.

[28] ドイツ語では、動詞は例えば *spielen* (英語: to play)のように不定詞に *-en* が付いているので動詞と識別できる。この *spielen* を名詞に変化させてみよう。例えば、「幼稚園では遊戯は重要な活動だ」と言う場合の「遊戯活動」と言いたい場合、語頭を大文字にして *Spielen* と書けば名詞になる。このように動詞を名詞に変化させた場合は中性名詞になる。すなわち *das Spielen* となる。しかし、語尾に *-en* が付く名詞が、常に動詞が名詞化されたものとは限らない。例えば *Kindergarten* は明らかに動詞ではない、この場合、語尾が *-en* の名詞の大部分が男性名詞なので、*der Kindergarten* となる。

[29] 語尾が *-ment* の名詞は中性名詞が一般的。中性名詞の章を参照。

[30] Wegener, Heide. *op. cit.*, p. 75

[31] 語尾が *-ier* に関する詳細は中性名詞の章を参照。

[32] Wegener, Heide. *op. cit.*, p. 75

[33] Butter はドイツ南西部の方言では男性名詞である。出典：Bastian Sick, *Zwiebelfisch*, "Der Butter, die Huhn, das Teller", www. Spiegel.de, 23. August 2006

[34] Wegener, Heide. *op. cit.*, p. 75

[35] 同上、p. 75.

[36] 同上、p. 75

[37] 語尾が *-ur* の名詞は一般的に女性形。女性名詞の章の *-ur* の項目を参照。

[38] *-ich* 名詞の比率に関しての文献："Some Phonetic Rules of Gender Assignment in German" の図２.７, in Mills, A.E. 1986. *The Acquisition of Gender: A Study of English and German.* Springer-Verlag., p.33

[39] Köpcke, Klaus-Michael. 1982. *Untersuchungen zum Genussystem der deutschen Gegenwartssprache.* Max Niemeyer Verlag.

[40] 中性名詞の章の *-ing* の項目を参照。

[41] Köpcke, Klaus-Michael. 1982. *Untersuchungen zum Genussystem der deutschen Gegenwartssprache* と Köpcke, Klaus-Michael. January 2009. *Genus*, p. 136 を参照。この主題については Köpcke, Klaus-Michael. January 2009. *Genus* の関係書目も参照。

[42] *das Wort* とは意味も性も違う。

[43] 例外：*das Klavier*, 無生物で語尾が *-ier* の名詞は *das Bier*, *das Papier* と同様に一般的に中性。*das Klavier* の同義語 *das Piano* も同様に中性形になるだろう。*Saxophon* はギリシャ語起源であり、*phone* とも同様であるので中性形。

[44] これに関しては次の文献を参照：Köpcke, Klaus-Michael and Zubin, David A. "Sechs Prinzipien für die Genuszuweisung im Deutschen: Ein Beitrag zur natürlichen Klassifikation", *Linguistische Berichte 93* (1984), pp. 26-50、Sieburg, Heinz 編 1997. *Sprache – Genus/Sexus*. Peter Lang, pp. 97-98 に転載。

[45] この比率に関しての文献："Some Phonetic Rules of Gender Assignment in German" の図２.７, in Mills, A.E. 1986. *The Acquisition of Gender: A Study of English and German*. Springer-Verlag., p.33

[46] Wegener, Heide. *op. cit*., p. 75.

[47] 同上、p.75.

[48] 中性名詞の章の温度単位の項目を参照。

[49] この比率に関しての文献："Some Phonetic Rules of Gender Assignment in German" の図２.７, in Mills, A.E. 1986. *The Acquisition of Gender: A Study of English and German*. Springer-Verlag., p.33

[50] *-cht* 名詞の比率に関しての文献："Some Phonetic Rules of Gender Assignment in German" の図２.７, in Mills, A.E. 1986. *The Acquisition of Gender: A Study of English and German*. Springer-Verlag., p.33

[51] 語尾が *-eur* の名詞で、職業、役割、活動を表す名詞は典型的な男性名詞。詳細は男性名詞の章の*-eur* の項目を参照。

[52] 語尾が *-ur* と *-ür* の名詞に関しては"Some Phonetic Rules of Gender Assignment in German" の図２.７, in Mills, A.E. 1986. *The Acquisition of Gender: A Study of English and German*. Springer-Verlag., p.33 を参照。

[53] 2017年中旬に行われたインターネット調査によれば *der Kosovo* と *das Kosovo* の割合は 6:4 。

[54] しかし奇妙にも *der Welpe* (仔犬)は中性形ではない。

[55] 語尾が -ett の名詞の割合については "Some Phonetic Rules of Gender Assignment in German" の図２.７, in Mills, A.E. 1986. *The Acquisition of Gender: A Study of English and German*. Springer-Verlag., p.33 を参照。

[56] 語尾が *-ier* の名詞の割合については "Some Phonetic Rules of Gender Assignment in German" の図２.７, in Mills, A.E. 1986. *The Acquisition of Gender: A Study of English and German*. Springer-Verlag., p.33 を参照。

[57] 言語が *die Fotografie* なので *die Foto* とも言う。

[58] この仮定は次の文献で議論されている：Köpcke, Klaus-Michael and Zubin, David A. "Sechs Prinzipien für die Genuszuweisung im Deutschen: Ein Beitrag zur natürlichen Klassifikation", *Linguistische Berichte 93* (1984), pp. 26-50、Sieburg, Heinz 編 1997 *Sprache – Genus/Sexus*. Peter Lang, pp. 101-107 に転載。

[59] Schulte-Beckhausen, Marion. 2001. *Genusschwankung bei englischen, französischen, italienischen und spanischen Lehnwörtern im Deutschen: Eine Untersuchung auf der Grundlage deutscher Wörterbücher seit 1945*. Verlag Peter Lang, p. 223.

このリストは本書に書かれている項目を一覧できるようにしたものです。列挙されている全てがそのままその性に当てはまるわけではありません。例外や但し書き等は書かれていませんから、必ず各項目を読み、正確に把握するようにしてください。

規則 1：カテゴリー

男性名詞

多くの動物
一日の中の時間帯
曜日
月
四季
方角
降水現象と風
天体
土壌、鉱石、岩
汚物、ゴミ
中央ヨーロッパ以外の
　多くの河川
内陸の水域
山の名前
細長い形状
布
魚類
植物
ジュース
コーヒー、茶、ケーキ
アルコール飲料
装備、器具、道具
車のメーカー
列車の名前
通貨
音楽の種類
ダンスの種類
男の人を表す名詞

女性名詞

数と数学
時、特に短い時間
権威、権力、管理
規則、許可、制限
知識、知恵
コミュニケーション
楽器
形と形状
　・平らな形状
　・先が尖った形状
　・ハサミ状のもの
　・空洞状のもの
中央ローロッパの河川
狩猟
食物と栄養
ジェスチャー、身振り
航海信号、海軍、
　セーリング
温度
モーターバイクのブランド
飛行機の種類
船名
語尾が *-e* の動物
数種類の鳥、特に小鳥
虫・昆虫、特に語尾が
　-e の虫・昆虫
多くの樹木

中性名詞

包括的なもの
基本要素、無生物
集合概念
アルファベット文字
言語
文法用語と品詞の多く
動詞の不定詞の名詞化
形容詞の名詞化
大陸、国、地方、都市、谷
人間と動物の子ども
縮小辞
破片や小さな粒子
周期表の 112 元素の大部分
金属の名前
素材
火と水
草
物理単位
温度単位
重量単位
物の測定や範囲、測定単位
重量単位
物の測定や範囲、測定単オ音楽の調
分数
本、紙、記録
スポーツとゲーム

薬
洗剤
ホテル、喫茶店、クラブ、
　劇場、映画館
外来語
花、特に語尾が -e の花
果物
練り歯磨きとそのブランド
活字書体
ソフトウエア
人間の女性とその役割

このリストは本書に書かれている項目を一覧できるようにしたものです。列挙されている全てがそのままその性に当てはまるわけではありません。例外や但し書き等は書かれていませんから、必ず各項目を読み、正確に把握するようにしてください。

規則２：音

男性形語尾

-aal
-ag
-all
-am
-an
-ang
-ant　男の人や動物
-ast
-auch
-aum
-bold
-eg
-eis
-en　約 80%が男性名詞
　約 20%が中性名詞
-ent
-er　約 70%が男性名詞
-el　約 60%が男性名詞
-eur　注意：-ur ではない
-ich　81%が男性名詞
-ig
-iker　100%男性名詞
-ismus　100%男性名詞
-ling　注意：-ing ではない
-mpf
-ner
-og
-on
-pf
-u
-uch　男性名詞か中性名詞
-ug
-und
-us
-x

語頭が次の名詞：
Schwa-
Kn- 特に一音節で語尾が子音の場合

一音節の多くの名詞

次の複合名詞
-staat
-markt
-saft
-wert
-test
-draht
-hut

-d, -t で終わる多くの一音節の名詞

動詞から派生した語尾に -en がない多くの名詞

女性形語尾

-a
-acht
-ade
-age
-anz
-ant
-e 90%が女性形
-ee
-ei/-erei
-enz
-falt
-grafie/-graphie
-heit
-icht
-ie 95%が女性形
-ik
-in
-itis/-tis
-keit
-logie
-ft
-cht 64%が女性形
-orm
-tät
-thek
-tion, -sion, -gion, -xion
-lion, -nion
-schaft
-sis
-ung 一音節の名詞を除外
-ur, -ür 93%が女性形

動詞から派生して、語尾が -tの名詞

一音節の名詞で語尾が -t の名詞

中性形語尾

-aar
-är
-al
-at
-bot
-eil
-em 男性形の例外に注意
-ett 95%が中性形
-euer -eur は男性名詞
-fon/-phon
-gramm
-ial
-iel
-ier 60%が中性形
-ing 英語由来の名詞の大部分
-ip
-iv 文法用語に例外あり
-lein
-ld
-ma ギリシャ語由来の名詞
-ment
-nis 中性名詞か女性名詞
-ol 大部分が化学物質
-om/-ym
-skop
-tum
-um ラテン語由来の名詞
-werk 複合名詞
-yl
-zept
-zeug

接頭辞が Ge-の名詞

www.ingramcontent.com/pod-product-compliance
Lightning Source LLC
La Vergne TN
LVHW090937230826
846093LV00009BA/317

* 9 7 8 3 9 5 2 5 0 6 4 2 4 *